U0138858

凝煉知識品味閱讀

# 非讀不可

## 古文閱讀教學的有效策略

潘麗珠　總策畫

潘麗珠、許文姿、廖惠貞、黃志傑、葉書廷、陳恬伶、林麗芳　合著



五南圖書出版公司 印行

# 編撰委員簡介

## 潘麗珠 教授　總策畫

學歷：國立臺灣師範大學國文研究所文學博士

任職：國立臺灣師範大學文學院國文學系教授

經歷：熱愛文學的教育工作者，古典詩詞、新詩、散文皆有創作，推動詩歌吟誦不遺餘力！曾任臺灣師大人文教育研究中心主任、教育部語文領域第三階段教科用書審查委員、國立編譯館（部編本）國小國語組編審委員、教育部「九年一貫語文領域第三階段國文學科詩歌吟誦創意教學行動研究」計畫主持人、國科會「國中教師課程意識及教學實踐之研究」計畫主持人，二〇〇四年二月獲教育部創造力中程計畫「最佳創意教師獎」第二名、二〇〇四年擔任台北市中小學國語文教師輔導團之輔導教授，二〇〇〇年開始擔任教育部中央輔導團輔導教授，二〇〇四～二〇〇五年荷蘭萊頓大學訪問學人、二〇〇四年三月及二〇〇六年九月應新加坡教育部之邀，擔任新加坡中小學華語創意教學研討會的大會主講嘉賓、二〇〇九～二〇一〇年韓國啟明大學客座教授、二〇一一年二月至七月新加坡華文教研中心客座教授。

著作：《現代詩學》、《古韻新聲：潘麗珠吟誦教學》、《經典語文教學》、《統整課程的探討與設計》、《國語文教學有創意》、《國語文教學活動設計》、《雅歌清韻：吟詩讀文一起來》、《台灣現代詩教學研究》、《清代中期燕都梨園史料評藝三論研究》、散文集《青春雅歌》、《我的玉玩藝兒》等等。所策畫編撰的《圍攻錯別字》，獲第59梯次好書大家讀／知識性讀物組、獲二〇一一年新聞局推薦青少年優良讀物。

## 許文姿

學歷：國立高雄師範大學國文系、國立臺灣師範大學國文系四十學分班

任職：新北市福和國中

經歷：95年GreaTeacher全國創意教學獎
95年新北市師鐸獎
98年天下雜誌閱讀典範教師
96～101年國家教育研究院資料館教學影片製作委員

## 廖惠貞

學歷：國立臺灣師範大學四十學分國文研究所畢業

任職：新北市福和國中

經歷：95年新北市Super教師

96～100年新北市詩歌比賽客語組特優

96～100年客語繪本特優

## 黃志傑

學歷：國立臺灣師範大學國文系碩士、博士候選人

任職：新北市明德高中

經歷：99年臺北大學師資培育中心「中等學校各課程領域創意教學方案比賽」第一名

100年臺灣大學師資培育中心主辦之「第四屆臺大Super教案獎」第三名

## 葉書廷

學歷：國立臺灣師範大學四十學分國文研究所

任職：新北市新埔國中

經歷：99年GreaTeacher全國創意教學獎

99年學校閱讀磐石獎

## 陳恬伶

學歷：國立臺灣師範大學國文研究所教學碩士

任職：新北市江翠國中

經歷：97年全國國中閱讀評量命題競賽特優

99年教育部教學卓越獎

101年新北市特殊優良教師（師鐸獎）

## 林麗芳

學歷：國立臺灣師範大學國文研究所

任職：新北市江翠國中

經歷：新北市國語文朗讀瑞芳區賽第一名、板土區第二名

99年教學卓越獎

# 總策畫序

## 注重學生的主體性

### ——PBL的6C閱讀策略教學設計

《非讀不可》這本書的出版，剛好趕上了臺灣國文教學界「翻轉教室（課堂），**flipped classroom or flip teaching**」的風潮！

這一兩年來，「翻轉教室（課堂）」的課室教學活動在臺灣教學界極受注目，儼然形成一股熱潮。實際上其中心概念承襲自日本「佐藤學學習共同體」：重視課室中教師與學生同為「要角」，不能偏廢雙方的主體性，與傳統國文教學大部分是「教師賣命講授，學生認命聽記

（或心不在焉、置若罔聞）」的一主一賓，大異其質。然平心而論，「佐藤學學習共同體」之精髓，與美國十九世紀學者約翰・杜威（John Dewey，1859－1952年）所倡導之「兒童中心說」主張「教學方法的實施應緊扣學習中心——兒童」，宗旨相襲，歸途一致；杜威反對傳統的單一知識灌輸和機械訓練，強調讓學生從實踐中學習（以今天的流行術語來說，即是「從做中學」）。

進一步思考，由國文教學領域對文字精準度的要求而言，「翻轉」一詞實為不妥，「轉」無疑義，可解釋為「轉化、調整」；「翻」則有「顛倒、倒反」之意。然試問：教學內容、授課方式或流程調整可矣，如何顛倒、倒反？長期以來，眾多國文教師在課室中兢兢業業，亦經常提問，但因趕課壓力或不習慣等待學生回答而自問自答，其中卻不乏將學生分組，給予討論時間，令學生提出口頭報告的教學者。換言之，以學生為學習主體的概念，許多教師老早就在實施，而flipped一詞，更重要的中文意譯是「輕彈、翻閱」，在美國俚語中更有「使之激動、使之高興」的意思。如果flip翻譯成「翻轉」則須加上「over」，學習假使over，豈非「結束」或「完蛋」？

如此說來，「flipped classroom or flip teaching」的要義，應是教師教學時略施技巧推動學生歡喜地學習，使之情緒昂揚、興奮，對於課堂學習有所期待！而且此一教學概念之實施，絕非明星學校的專利，任何高中或高職皆可操作，端視教師如何設計教學活動以適應自己所教的班級，帶領學生「從做中學」，使學生成為課堂中的重要參與者、表現者，而教師是課程設計者、推動者，非唱獨角戲之人！是故，筆者以為：寧可直接採用英文「Flipped」，加上「教室」二字，應該比較妥適。在此全民越來越講究英文學習之際，「Flipped教室」實在不必擔心國人不懂。

那麼，在課堂上實踐操作閱讀教學時，如何略施技巧使學生成為課室中的主要角色呢？筆者幾年前曾經出版《閱讀的策略》一書，書中以6C策略作為主軸，融入國語文教學設計流程中，獲致極大回響！因此本書在此基礎上，苦心孤詣的以十三篇國、高中課文為例，運用「聯結、合作、團體、反思、評論、延伸」等策略，仔細設計了具體、活潑、可行的國語文閱讀教學活動，以問題思考為導向（PBL），希望提供國語文教師參考，幫助學生成為課室中的主角，學習如何透過文字脈絡，掌握邏輯思考的訣竅，以提升閱讀素養，因應未來的閱讀教學發展趨勢，成長為能夠獨立判斷、具有中心思想的人！

身為文學及國語文教育工作者，長年關注國家的教育發展與全球趨勢，姑且不論十二年國教的政策會把學生帶往何種境地，教師胸有成竹，學生樂在思辨與閱讀，家長及社會大眾想必樂觀其成！《非讀不可》正是提供了讓教師成竹在胸，讓學生歡喜思辨的閱讀教學管道！

潘麗珠

二〇一四年十月寫於中正品園

# 目錄 Contents

# 愛蓮說

作者：周敦頤

## 課文

水陸草木之花，可愛者甚蕃：晉陶淵明獨愛菊，自李唐來，世人盛愛牡丹。予獨愛蓮之出淤泥而不染，濯清漣而不妖；中通外直，不蔓不枝；香遠益清，亭亭淨植，可遠觀而不可褻玩焉。

予謂：菊，花之隱逸者也；牡丹，花之富貴者也；蓮，花之君子者也。噫！菊之愛，陶後鮮有聞。蓮之愛，同予者何人？牡丹之愛，宜乎眾矣！

## 總說

〈愛蓮說〉從部編版開始，就一直是深受重視的國中教材，究其原因，本文雖短，卻小而美，特別是清楚具足了「論說文」的條件，有總說、舉例、評論，以及感想，很適合做為論說文教學的範本。

一般的看法，本文是「作者藉蓮的特質來比喻君子的美德」，「表現了作者潔身自愛的高潔人格和灑落的胸襟」，這樣的說法固然不錯，然而從國語文教學的觀點來看，從閱讀的角度教導學生讀出文章的寫作微妙之處與脈絡線索，比理解文章的意旨、義涵，在閱讀理解的層次上更高（見下圖），因為前者涉及「程序知識」與「分析」，而後者屬於較為初階的「（了解）理解」層次。進一步分析，〈愛蓮說〉在文章寫作上具有極典範的「主體詳、陪襯略」的方式，寫蓮花十分詳細、寫菊和牡丹簡要一筆帶過，可以讓學生很具體的掌握其中要領。

本文所採用的教學法，是運用6C閱讀策略的教學設計，包括：聯結、合作、團體、

**美國Bloom教育目標分類系統**
**六層次思考模式新舊版本對照圖**

| 舊版(Bloom,1956) | | 新版(Anderson et al,2001) | |
|---|---|---|---|
| | | 事實知識(Factual Knowledge) | 知識向度 |
| | | 概念知識(Conceptual Knowledge) | |
| | | 程序知識(Procedual Knowledge) | |
| | | 後設認知(Metacognitive Knowledge) | |
| 知識(Knowledge) | → | 記憶(Remember) | 認知歷程向度 Cognitive Process Dimension |
| 理解(Comprehension) | → | 了解(Understand) | |
| 應用(Application) | → | 應用(Apply) | |
| 分析(Analysis) | → | 分析Analyze(Evaluate) | |
| 綜合(Synthesis) | ↘ | 評鑑(Evaluate) | |
| 評鑑(Evaluation) | ↗ | 創作(Create) | |

（圖中箭頭另由「知識(Knowledge)」指向「程序知識」；「綜合」與「評鑑」交叉指向「創作」與「評鑑」。）

反思、評論、延伸等六項策略。

## 教學設計

### ◎聯結（Connection）

聯結「文體論」，歸納「論說文」所具備的要項，一般包括：總說、舉例（論證）、評論、感想。依據上述，繪製「心智圖」，可以掌握本文的脈絡與細節。

### ◎合作（Cooperation）

讓學生分組討論以下問題：

1. 與「蓮」和「菊」相關的成語。
2. 本文除了課本的分段方式，還可以如何分段？請討論出結果後，指派小組成員之一提出報告。

愛蓮說
作者：周敦頤

- 總說
  - 水路草木之花可愛者甚蕃
- 舉例
  - 蓮（主體）
    - 予獨愛
    - 特質：出淤泥而不染
      濯清漣而不妖
      中通外直，不蔓不枝
      香遠益清，亭亭淨植
      可遠觀而不可褻玩
  - 菊（陪襯1）　陶淵明獨愛
  - 牡丹（陪襯2）　世人盛愛
- 評論
  - 菊：花之隱逸者
  - 牡丹：花之富貴者
  - 蓮：花之君子者
- 感想
  - 愛菊者：陶後鮮有聞
  - 愛牡丹者：宜乎眾
  - 愛蓮者：同予者何人

❖參考答案

1. 舌粲蓮花（形容人口才好，能言善道）、蓮（連）年有餘；春蘭秋菊、持螯封菊（形容吃蟹看菊的情趣）。
2. 如果依據「心智圖」所繪，則可以分成四段。

## ◎團體（Community）

請各組以一週時間上網搜尋有關「蓮、菊、牡丹」的文章與圖片，群體討論後製作成PPT檔案，於隔週課堂上進行簡報。（此題為開放性答案）

## ◎評論（Commentary）

有一句古話說：「什麼樣的人玩什麼樣的鳥。」意思是說，我們喜歡怎樣的東西，就意謂著我們具有怎樣的品味。從我國的傳統文學發展而言，自「楚辭」以來，「香草、美人」就是賢士、君王的象徵，文人喜歡怎樣的植物，往往也代表著其人的個性與品格。

牡丹之所以被眾人喜愛，說穿了其實是一種潮流，眾人跟隨潮流，有時根本是盲目的行為，雖然富貴人人都愛，但為什麼偏偏是牡丹象徵富貴呢？再說，無論從《莊子・齊物論》的角度，或是從現代環境保育的觀念來看，所有物種並沒有高下之分，因此都應該獲得尊重！

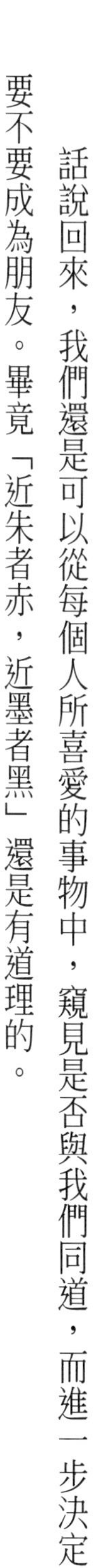

話說回來，我們還是可以從每個人所喜愛的事物中，窺見是否與我們同道，而進一步決定要不要成為朋友。畢竟「近朱者赤，近墨者黑」還是有道理的。

## ◎延伸（Continue）

《中國文學植物學》、《詩經植物圖鑑》都是很好的延伸閱讀書籍，網路上也有許多影音、動畫資料可供參考。例如：http://www.youtube.com/watch? v=NmD37uWngQc或是：http://www.youtube.com/watch? v=su-PnvenQMU&feature=related，都很不錯，應該可以引起學生的興趣。

## 重點提問

1. 本文是一種怎樣的文體？可以分為哪幾個部分？
2. 本文的主體為何？陪襯為何？
3. 依據文章所述，「蓮」具有怎樣的特質？
4. 為什麼作者說「牡丹之愛，宜乎眾矣」？
5. 你認為陶淵明為什麼喜愛菊花？
6. 你都同意周敦頤〈愛蓮說〉的見解嗎？你自己有什麼看法？

（教學設計者：潘麗珠）

# 寄弟墨書

作者：鄭 燮

## 課文

十月二十六日得家書，知新置田穫秋稼五百斛，甚喜。而今而後，堪為農夫以沒世矣。我想天地間第一等人，只有農夫，而士為四民之末。農夫上者種地百畝，其次七八十畝，其次五六十畝，皆苦其身，勤其力，耕種收穫，以養天下之人。使天下無農夫，舉世皆餓死矣。吾輩讀書人，入則孝，出則弟，守先待後，得志，澤加於民；不得志，修身見於世；所以又高於農夫一等。今則不然，一捧書本，便想中舉人，中進士，作官如何攫取金錢，造大房屋，置多田產。起手便錯走了路頭，後來越做越壞，總沒有個好結果。其不能發達者，鄉里作惡，小頭銳面，更不可當。夫束修自好者，豈無其人？經濟自期，抗懷千古者，亦所在多有；而好人為壞人所累，遂令我輩開不得口。一開口，人便笑曰：「汝輩書生，總是會說，他日居官，便不如此說了。」所以忍氣吞聲，只得捱人笑罵。工人制器利

用，賈人搬有運無，皆有便民之處；而士獨於民大不便，無怪乎居四民之末也，且求居四民之末而亦不可得也。

愚兄平生最重農夫。新招佃地人，必須待之以禮。彼稱我為主人，我稱彼為客戶；主客原是對待之義，我何貴而彼何賤乎？

吾家業地雖有三百畝，總是典產，不可久恃。將來須買田二百畝，予兄弟二人，各得百畝足矣，亦古者一夫受田百畝之義也。若再求多，便是占人產業，莫大罪過。天下無田無業者多矣，我獨何人，貪求無厭，窮民將何所措手足乎？

## 總說

〈寄弟墨書〉一文是清朝鄭燮寫給他的堂弟鄭墨的一封家書。信中敘述他接到堂弟鄭墨的來信，知道田地的收穫甚豐；對於堂弟將田產管理妥善，甚感欣喜，於是跟堂弟提出「堪為農夫以沒世」的生涯規劃。

信中除了提出「天地間第一等人，只有農夫」不同於社會價值觀的論調外，也藉此批評當時一心只想做官發財或作惡鄉里的讀書人。作者感嘆：我輩讀書人在便民與對社會的貢獻方面是大大不如農、工、商，實為「四民之末」。文中還吐露了敬重農夫的心意，提醒家人要以禮對待佃農，因為與他們是主客關係，是事業上的夥伴，這一觀點對於現今社會，也是值得我們

反省的。書信最後，就作者置產「百畝足矣」的態度，可以看出他知足與悲憫的情懷。

## 教學設計

### ◎聯結（Connection）

文與文比較：〈寄弟墨書〉與〈為學一首示子姪〉二文比較，繪製出如下的心智圖。

### ◎合作（Cooperation）

教師可依班級的特性，讓學生分組合作學習，依下列兩項作業分別讓學生分組合作：

1. 摘要第一段大意。
2. 摘要第二段大意。

#### 建議作法

1. 教師先解釋何謂「摘要」。「摘要」即是讀者藉由刪除不重要與重複的訊息來找出文章的主

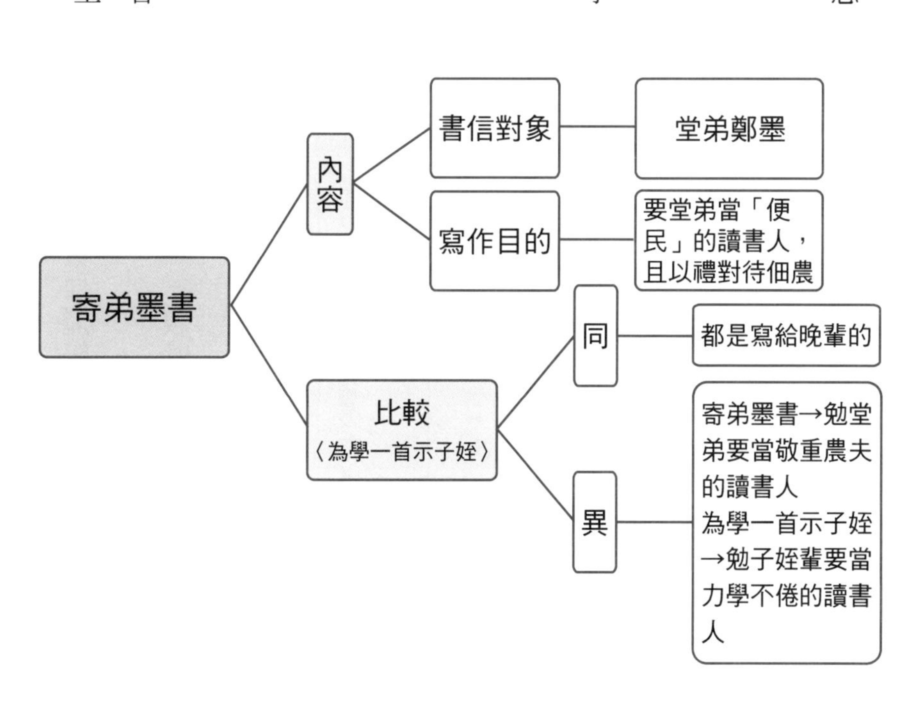

要概念，並透過語詞歸納及段落合併濃縮文章的內容，再以連貫而流暢的文字，呈現文本的意義。

2. 要求各組學生用十字左右寫出第一段大意，並分別在黑板上發表。教師可依各組的發表，加強學生閱讀摘要的能力。

❖參考答案

| 第一段 |
| --- |
| 十月二十六日得家書，知新置田穫秋稼五百斛，甚喜。而今而後，堪為農夫以沒世矣。<br>→得家書知田穫豐，願為農。 |

3. 用三十字左右摘要第二段大意。

**參考答案**

| 第二段 |
| --- |
| 我想天地間第一等人，只有農夫，而士為四民之末。農夫上者種地百畝，其次七八十畝，其次五六十畝，皆苦其身，勤其力，耕種收穫，以養天下之人。使天下無農夫，舉世皆餓死矣。吾輩讀書人，入則孝，出則弟，守先待後，得志，澤加於民；不得志，修身見於世；所以又高於農夫一等。今則不然，一捧書本，便想中舉人，中進士，作官如何攫取金錢，造大房屋，置多田產。起手便錯走了路頭，後來越做越壞，總沒有個好結果。其不能發達者，鄉里作惡，小頭銳面，更不可當。夫束修自好者，豈無其人？經濟自期，抗懷千古者，亦所在多有；而好人為壞人所累，遂令我輩開不得口；一開口，人便笑曰：「汝輩書生，總是會說，他日居官，便不如此說了。」所以忍氣吞聲，只得捱人笑罵。工人制器利用，賈人搬有運無，皆有便民之處；而士獨於民大不便，無怪乎居四民之末也，且求居四民之末而亦不可得也。 |

→農夫養天下人本為四民之首；工商便民，今士人多不便民，淪為四民之末。

## ◎ 團體（Community）

將學生依座位排分成六組，一、三、五排至第二位同學座位附近坐下討論，二、四、六排至第四位同學座位附近坐下討論；將第二段作者對「四民」的看法歸納並繪製成心智圖表，課後傳送到教師信箱，以為評量。

參考答案

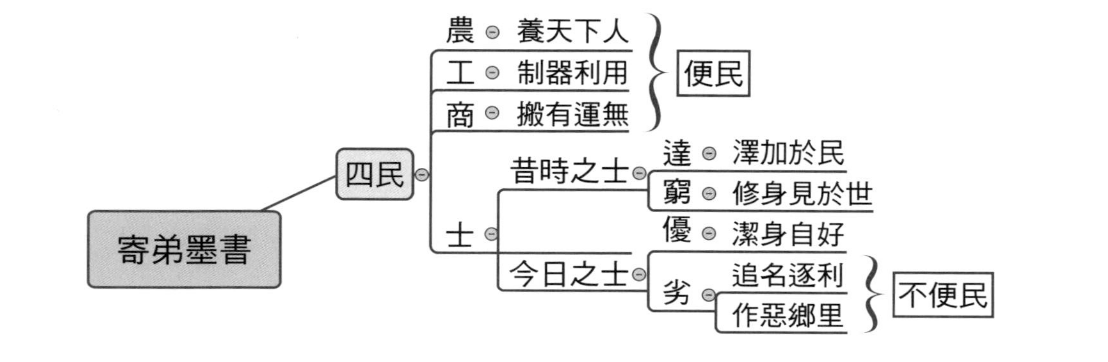

## ◎反思（Comparison）

鄭燮作官意在「得志，澤加於民」，因此他在山東省先後做了十二年官，從沒有積壓的公事，也從沒有受冤枉的百姓；理政時能體恤平民和小商販，改革弊政，並從法令、措施上維護百姓的利益，他的勤政廉政深得百姓擁戴。

教師在闡釋書信內容時，除引導學生認識鄭燮的為人處世，也可提出「士農工商」的四民與「漁樵耕讀」的四民，二者於社會地位上有何差異。

### 參考答案

《春秋穀梁傳・成公元年》按「士商工農」劃分：「古者有四民：有士民，有商民，有農民，有工民。夫甲，非人之所能為也。丘作甲，非正也。」但有論者認為這個次序並無隱含社會高低之義。《荀子・王制篇》亦有「農士工商」的排列。

明末清初學者顧炎武《日知錄》曾說：「士農工商謂之四民，其說始於管子。」指春秋時期齊國宰相管仲最先訂下「士農工商」的次序，一直沿用至今。《管子》曰：「士農工商四民者，國之石，民也。」

「漁樵耕讀」是農耕社會的四種職業，代表民間的基本生活方式。古代讀書人所以喜歡漁樵耕讀，有人認為是對田園生活的嚮往，淡泊自如的人生心生憧憬，也是內心深處對能入朝為

官與否的跳板。在中國傳統文化中，漁樵情節由來已久。先有姜太公懷才不遇，垂釣渭水，後來得遇明主，終能輔佐文王滅商興周；繼而有莊子在《漁父》篇裡漁父進退有據的建言。道家思想在中國文化思想的作用，奠定了「漁」在漁樵耕讀中的首要地位，因此唐詩、宋詞中有許多讀書人以漁樵形象出現。

諸葛亮出仕之前躬耕隴畝，隱居隆中；東晉田園詩人陶淵明，因社會動亂及對官場的失望，毅然辭官歸隱，寄意田園，躬耕自讀，這二位則開創了漁樵耕讀的新意境。

## ◎評論（Commentary）

將學生分組，請教師引導學生討論下列各行各業在「便民」上應有的態度與建議。

參考答案

| 職業 | 便民的態度 | 加強便民的建議 |
| --- | --- | --- |
| 公務人員 | 克盡職守，積極回應人民群眾要求 | 遵紀守法，杜絕貪腐，加強便民服務 |
| 漁農人員 | 捕獵、養殖、栽種以養天下人 | 注重水土環保，有機栽培 |
| 影視娛樂人員 | 發揮社教功能，倡導正當娛樂 | 強化慈善、道德、教化與娛樂功能 |
| 醫護人員 | 醫療救助，保健人民的身心健康 | 強化醫德，尊重生命 |
| 軍警消防 | 保家衛國保障人員、財產的安全 | 強化災害防治的專業技能 |
| 服務業人員 | 銷售貨品，提供利益與滿足 | 以人為本，加強便民服務 |

## ◎延伸（Continue）

### 〈觀刈麥〉①

白居易

田家少閑月，五月人倍忙。夜來南風起，小麥覆隴黃。婦姑荷簞食，童稚攜壺漿。相隨餉田②去，丁壯在南崗。足蒸暑土氣，背灼炎天光。力盡不知熱，但惜夏日長。復有貧婦人，抱子在其旁。右手秉③遺穗，左臂懸敝筐④。聽其相顧言，聞者為悲傷。家田輸⑤稅盡，拾此充飢腸。今我何功德，曾不事農桑。吏祿三百石，歲晏⑥有餘糧。念此私自愧，盡日不能忘。

**注釋**

①刈麥：收割麥穗。刈：音ㄧˋ，割。

②餉田：送飲食給田裡工作的人吃喝。

③秉：音ㄅㄧㄥˇ，持。

④敝筐：破舊的竹筐。

⑤輸：繳納。

⑥歲晏：歲暮、年底。

**1.「田家少閑月，五月人倍忙。」這兩句是全詩的主旨，請找出與主旨相關的詩文並畫線，摘要詩句的主要涵義。**

參考答案

畫線——婦姑荷簞食，童稚攜壺漿。相隨餉田去，丁壯在南崗。足蒸暑土氣，背灼炎天光。力盡不知熱，但惜夏日長。

摘要——田家的五月，為了收割稻穀男女老少都很忙碌。

**2. 農家除忙碌收割外，詩中作者也描寫一位婦人拾穗的情景，作者這樣的寫法有什麼用意？**

參考答案

①作者安排拾穗婦人是採取映襯寫法，藉此凸顯農家的疾苦。

②作者一心繫念百姓生活的疾苦，因此擔心今日拾穗的貧婦，昨日可能是有地可種、有麥可收的農家，今日卻因賦稅過重而入不敷出，只好撿拾他人遺落的麥穗；而今日收割麥穗的農夫，會不會也因賦稅太重，變成明日的拾穗人呢？

## 重點提問

**1.〈寄弟墨書〉是一封書信，請就所學，補足書信上的稱謂、提稱語、結尾敬詞、署名等內容。**

※參考答案

| 〈寄弟墨書〉 | |
|---|---|
| 稱謂 | 墨 |
| 提稱語 | 弟 |
| 啓事敬詞 | 大安 |
| 自稱 | 兄 |
| 署名 | 克柔 |
| 末啓詞 | 啟 |

**2. 從第二段文句找出鄭燮認爲農夫是「天地間第一等人」的理由。**

※參考答案

| | 我的解釋 | 相關文句 |
|---|---|---|
| 理由一 | 農夫辛勤耕種以養天下人，故為第一重要的人。 | 農夫苦其身，勤其力，耕種收穫以養天下人。 |
| 理由二 | 若農夫不耕作，作物不足，人人皆要餓死。 | 使天下無農夫，舉世皆餓死矣。 |
| 理由三 | 壞的讀書人把好的讀書人汙名化，造成人民生活上的不便，也破壞社會的價值觀，因此不足為四民之首。 | 吾輩讀書人……為壞人所累，……獨於民大不便，無怪乎居四民之末也。 |

**3. 從第二段找出作者說「士爲四民之末」的理由？**

參考答案

| 士為四民之末 | 相關文句 | 我的解釋 |
|---|---|---|
| 為人處世 | 為人：守先待後，束修自好<br>處世：入則孝，出則弟<br>抱負：經濟自期，抗懷千古 | 昔日士人以（進德修業）為目的；今日士人以（追名逐利）為目的。 |
| 得志與否 | 昔：得志，（澤加於民）；不得志，（修身見於世）。<br>今：做官（攫取金錢），（造大房屋），（置多田產）。<br>不能發達者（鄉里作惡），（小頭銳面），更不可當。 | 士人對便民上的做法不同 |
| 便民與否 | 農夫　養天下人<br>工人　制器利用<br>賈人　搬有運無<br>士獨於民大不便 | 士人與農工商的社會價值不同 |

**4. 你認爲，作者藉這封書信，要說明他個人怎樣的生活經驗、想法與主張？**

❀參考答案

| 寄弟墨書 | | |
|---|---|---|
| | 我認為作者 | 相關文句 |
| 經驗 | 收家書知新田豐收，甚喜 | 得家書，知新置田穫秋稼五百斛 |
| 想法 | 願終身務農 | 堪為農夫以沒世矣 |
| 主張 | 因農夫苦身勤力，耕種收穫以養天下人，故為第一等人 | 天地間第一等人，只有農夫／士為四民之末 |
| | 地主與佃農之間無貴賤之別 | 主客原是對待之義，我何貴而彼何賤乎 |
| | 當家的男丁一人百畝田產 | 予兄弟二人，各得百畝足矣，亦古者一夫受田百畝之義也 |

（教學設計者：許文姿）

# 核舟記

作者：魏學洢

## 課文

明有奇巧人曰王叔遠，能以徑寸之木，為宮室、器皿、人物，以至鳥獸、木石，罔不因勢象形，各具情態。嘗貽余核舟一，蓋大蘇泛赤壁云。

舟首尾長約八分有奇，高可二黍許。中軒敞者為艙，箬篷覆之。旁開小窗，左右各四，共八扇。啟窗而觀，雕欄相望焉。閉之，則右刻「山高月小，水落石出」，左刻「清風徐來，水波不興」，石青糁之。

船頭坐三人，中峨冠而多髯者為東坡，佛印居右，魯直居左。蘇黃共閱一手卷；東坡右手執卷端，左手撫魯直背；魯直左手執卷末，右手指卷，如有所語。東坡現右足，魯直現左足，身各微側；其兩膝相比者，各隱卷底衣褶中。佛印絕類彌勒，袒胸露乳，矯首昂視，神情與蘇黃不屬。臥右膝，詘右臂支船，而豎其左膝，左臂掛念珠倚之，珠可歷歷數也。

舟尾橫臥一楫。楫左右舟子各一人。居右

者椎髻仰面，左手倚一衡木，右手攀右趾，若嘯呼狀。居左者右手執蒲葵扇，左手撫爐，爐上有壺，其人視端容寂，若聽茶聲然。

其船背稍夷，則題名其上，文曰「天啟壬戌秋日，虞山王毅叔遠甫刻」，細若蚊足，鉤畫了了，其色墨。又用篆章一，文曰「初平山人」，其色丹。

通計一舟：為人者五，為窗者八，為篛篷，為楫，為爐，為壺，為手卷，為念珠者各一；對聯、題名並篆文，為字共三十有四；而計其長，曾不盈寸，蓋簡桃核修狹者為之。

嘻！技亦靈怪矣哉！

## 總說

〈核舟記〉一文是明朝魏學洢所著，生動地描述一件精巧絕倫的微雕工藝品。這件雕刻品，是明代的民間工藝匠人王叔遠雕刻藝術的展現。

全文先寫小舟的外觀，原材料是一個「長不盈寸」的桃核，從兩頭到中間，從正面到背面的空間順序，分別為艙、船頭、船尾。其中船頭三人，生動地運用宋代文壇上「大蘇泛赤壁」的典故，因此從表達方式看，這篇文章側重於說明文，因為文中點明核舟主題的句子是「蓋大蘇泛赤壁云」。

「記」可以記人和事，可以記器物和建築，也有記日月山川的景象，又稱「雜記」。表述

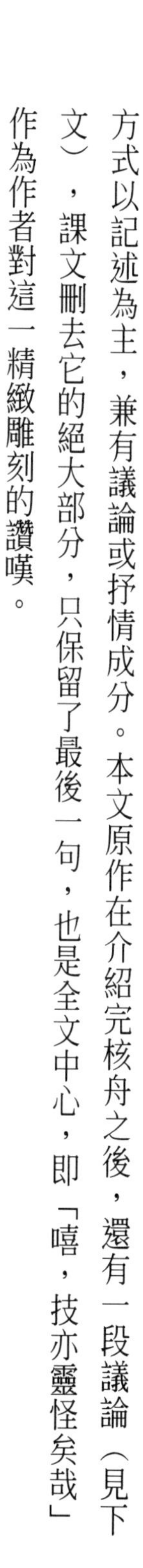

方式以記述為主，兼有議論或抒情成分。本文原作在介紹完核舟之後，還有一段議論（見下文），課文刪去它的絕大部分，只保留了最後一句，也是全文中心，即「嘻，技亦靈怪矣哉」作為作者對這一精緻雕刻的讚嘆。

## 教學設計

### ◎聯結（Connection）

#### 一、〈前赤壁賦〉 蘇軾

壬戌之秋，七月既望，蘇子與客泛舟遊於赤壁之下。清風徐來，水波不興。舉酒屬客，誦明月之詩，歌窈窕之章。少焉，月出於東山之上，徘徊於斗牛之間。白露橫江，水光接天。縱一葦之所如，凌萬頃之茫然。浩浩乎如馮虛御風，而不知其所止；飄飄乎如遺世獨立，羽化而登仙……。

北宋大文豪蘇軾寫過兩篇〈赤壁賦〉，後人稱為〈前赤壁賦〉和〈後赤壁賦〉，都是中國古代文學史上的名作。蘇軾因「烏臺詩案」被貶至黃州，任團練副使，一〇八二年秋、冬，先後兩次遊覽黃州附近的赤壁，寫下這兩篇賦。這個時期，蘇軾因受到政治的打壓，感到憤懣、痛苦，幸得老莊佛學中求解脫。他與地方田父野老交往，感受到人情溫暖，使他的思想更貼近現實人生。這兩篇賦正反映了當下的豁達。

〈前赤壁賦〉寫於元豐五年七月，這時蘇軾謫居黃州已近四年。他在初秋的月夜泛舟遊赤壁，首段先帶出主客同遊飲酒誦詩，再利用主客的對話，表現出他曠達的人生態度。他在這篇賦中自言「愁」，又自「解其愁」，便是反映這種灑脫的心情。

## 二、〈後赤壁賦〉

蘇　軾

是歲十月之望，步自雪堂，將歸於臨皋。二客從予，過黃泥之阪。霜露既降，木葉盡脫，人影在地，仰見明月，顧而樂之，行歌相答。……江流有聲，斷岸千尺，山高月小，水落石出。曾日月之幾何，而江山不可復識矣。予乃攝衣而上，履巉岩，披蒙茸，踞虎豹，登虯龍，攀棲鶻之危巢，俯馮夷之幽宮。蓋二客不能從焉。劃然長嘯，草木震動，山鳴谷應，風起水湧。予亦悄然而悲，肅然而恐，凜乎其不可留也。反而登舟，放乎中流，聽其所止而休焉……。

〈後赤壁賦〉是〈前赤壁賦〉的續篇。前賦藉描寫江山風月的美景，抒發超脫自然的無拘曠達。後賦則寫孟冬江岸上的活動。一樣的赤壁，領受的境界卻不相同。前賦是「清風徐來，水波不興」、「白露橫江，水光接天」，後賦則是「江流有聲，斷岸千尺，山高月小，水落石出」。因著季節的不同，黃州赤壁山水的特色，在蘇軾的筆下既生動且多樣貌，予人亦秀亦壯的不同享受。

## ◎合作（Cooperation）

文中第二段的學習，可採用繪圖意譯法。教師先帶領學生處理第二段的生、難詞，再將學生按座位六排分成六組，發下B4白紙，每一組就第二段內容繪製成圖，並加以著色。之後，學生分組上臺一一發表，由此可檢視學生對第二段的理解是否透澈。

## ◎團體（Community）

文中第三、四段的學習，因為有人物的活動，可採用表演意譯法。教師先帶領學生處理第三、四段的生、難詞，再將學生按座位六排分成六組，第一至四組先自行翻譯第三段並加以表演，其中三人表現蘇軾等三人的動作、表情，一人旁白。表演過程中，教師提醒學生注意重點詞：「卷末、卷端、現、比、絕類、臥、詘、矯、豎」等等的表演。第五、六組一樣自行翻譯第四段並加以表演，其中二人表現舟子的動作、表情，一人旁白。如果有不確定或不會的地方可以問老師。至於第三、四段所需的道具，如高帽子、書卷、念珠、楫、蒲葵扇、爐、壺等道具，教師可事先請學生準備，或讓學生製作替代品。經過二十分鐘準備，表演開始。

在第三、四段的翻譯表演中，當一組在表演時，教師要提醒其他各組填寫學習單，就文本所述，指出表演中逼真的地方，以及錯誤的部分，讓全班知道文本的實際內容。

根據學生的表演，釐清第三、四段的文意順序後，讓學生就方才分組的表演，當場背誦文

章。這樣，學生不僅理解文本內容，也觀賞同學的表演，使課堂既輕鬆，又掌握了知識的學習。

## ◎反思（Comparison）

本文所寫的這件雕刻品，原材料是一個「長不盈寸」的桃核，雕刻成舟，生動的表現了歷史上一個著名的文學故事。作者經過細緻的觀察，準確地把握了這件雕刻品的各個細節，然後按一定的空間順序，描寫船的四個部分，分別為船艙、船頭、船尾和船背，再藉由一些有關的方位詞和立足點，表現人物各異的形態，舟上五人，神態逼真，富有情趣。其他如篛篷、窗、楫、壺、爐等，應有盡有，真可謂巧奪天工。

閱讀時，要善於運用想像力，再造出這件藝術品的形象，並仔細品味雕刻家的藝術構思。因此，在教學時，可讓學生把自己想像成比肩並讀的蘇、黃二人，想像佛印灑脫不群的形象，想像船尾的二舟子一專注、一悠閒的形象，將更有力地突出「泛舟」的主題，也渲染出舟中輕鬆、愉悅的氛圍。讓學生分組或繪圖或肢體表演，用表情、動作來表現舟上人物內心的想法，以體會泛舟的趣味，這樣的課堂教學，足使〈核舟記〉「活」起來。

## ◎評論（Commentary）

文章採用「總——分——總」的結構模式。

第一段是「總說」。作者先介紹王叔遠在雕刻技術上的卓越：「能以徑寸之木，為宮室、器皿、人物，以至鳥獸、木石」，說明所用的原材料體積很小，而表現的範圍極廣，可見他有多方面的成就。「罔不因勢象形，各具情態」，說明他構思精巧。接著指出雕刻品「核舟」的主題：「大蘇泛赤壁」，明顯表示本文的範圍，以具體作品來證明作者對王叔遠技藝的評價是合乎實際的。

第二至五段，詳述核舟之「奇巧」。在「舟首尾長約八分有奇，高可二黍許」的範圍內，作者分別就船艙、船首、船尾和船背，一一介紹，詳加說明。

第六段總括全文，通計舟上所刻人、窗及其他物品的數量和刻字的總數，又以「計其長曾不盈寸」呼應開頭「徑寸之木」，用以強調材料體積之小和雕刻的容量之大。

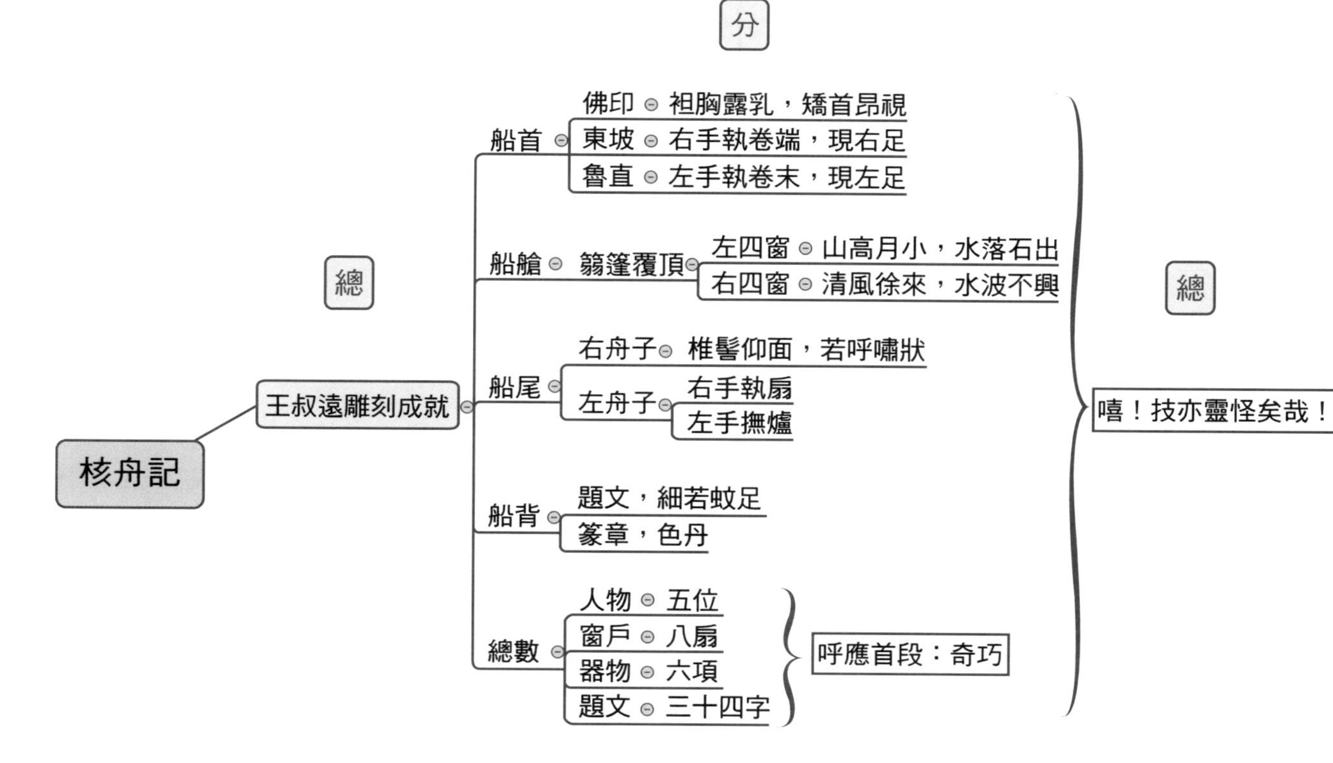

核舟記
總
王叔遠雕刻成就
分
船首
佛印
袒胸露乳，矯首昂視
東坡
右手執卷端，現右足
魯直
左手執卷末，現左足
船艙
箬篷覆頂
左四窗
山高月小，水落石出
右四窗
清風徐來，水波不興
船尾
右舟子
椎髻仰面，若呼嘯狀
左舟子
右手執扇
左手撫爐
船背
題文，細若蚊足
篆章，色丹
總數
人物
五位
窗戶
八扇
器物
六項
題文
三十四字
呼應首段：奇巧
總
嘻！技亦靈怪矣哉！

本文原作在介紹完核舟之後，還有下文一段議論；選錄為教材時，刪去絕大部分，只保留最後一句，也是全文中心，作為作者對王叔遠的技藝的最高評價：「嘻，技亦靈怪矣哉！」現將該段文章列於下：

魏子詳矚既畢，詫曰：「嘻，技亦靈怪矣哉！莊列所載，稱驚猶鬼神者多，然唯有游削於不寸之質，而須麋瞭然者？假有人焉，舉我言以復於我，亦必疑其誑，乃今親睹之。繇斯以觀，棘刺之端，未必不可為母猴也。嘻，技亦靈怪矣哉！」

## ◎延伸（Continue）

### 〈畫記〉

韓愈

雜古今人物小畫共一卷。騎而立者五人，騎而被甲載兵立者十人，一人騎執大旗前立，騎而被甲載兵行且下牽者十人，騎且負者二人，騎執器者二人，騎擁田犬者一人，騎而牽者二人，騎而驅者三人，執羈靮立者二人。騎而下倚馬臂隼而立者一人，騎而驅涉者二人，徒而驅牧者二人。坐而指使者一人，甲冑手弓矢鈇鉞植者七人，甲冑執幟植者十人，負者七

人，偃寢休者二人，甲冑坐睡者一人，方涉者一人，坐而脫足者一人，寒附火者一人，雜執器物役者八人，奉壺矢者一人，舍而具食者十有一人，挹且注者四人，牛牽者二人，驢驅者四人，一人杖而負者，婦人以孺子載而可見者六人，載而上下者三人，孺子戲者九人。凡人之事三十有二，為人大小百二十有三，而莫有同者焉。馬大者九匹，於馬之中又有上者，下者，行者，牽者，涉者，陸者，翹者，顧者，鳴者，寢者，訛者，立者，人立者，齕者，飲者，溲者，陟者，降者，痒磨樹者，噓者，嗅者，喜相戲者，怒相踶齧者，秣者，騎者，驟者，走者，載服物者，載狐兔者。凡馬之事二十有七，為馬大小八十有三，而莫有同者焉。牛大小十一頭，橐駝三頭，驢如橐駝之數，而加其一焉。隼一，犬羊狐兔麋鹿共三十，旃車三兩。雜兵器弓矢、旌旗、刀劍、矛楯、弓服、矢房、甲冑之屬，缾、盂、簦、笠、筐、筥、錡、釜飲食服用之器，壺、矢博弈之具，二百五十有一，皆曲極其妙。

貞元甲戌年，余在京師甚無事，同居有獨孤生申叔者，始得此畫而與余彈棊，余幸勝而獲焉。意甚惜之，以為非一工人之所能運思，蓋蘩集眾工人之所長耳，雖百金不願易也。明年，出京師，至河陽，與二三客論畫品格，因出而觀之。座有趙侍御者，君子人也，見之戚然若有感然。少而進曰：「噫，余之手摸也，亡之且二十年矣。余少時常有志乎茲事，得國本，絕人事而摸得之，遊閩中而喪焉。居閒處獨，時往來余懷也，以其始為之勞而夙好之篤

也。今雖遇之，力不能為已，且命工人存其大都焉。」余既甚愛之，又感趙君之事，因以贈之，而記其人物之形狀與數，而時觀之，以自釋焉。

唐代大文豪韓愈，於德宗貞元十一年（西元七九五年）從京城長安回到老家河陽，在上一年他得到一卷人物小畫的摹本，這時遇到小畫的原臨摹者趙君，把畫卷送還，自己寫了這篇〈畫記〉作為紀念。

這本畫卷原本是由若干小畫聯綴起來的，韓愈綜合記述其中描繪的人、馬匹和其他動物、車輛、兵器、用器、遊戲器具等，乍看之下，內容瑣碎紛雜，還逐一統計數字，卻在人、馬的記述後，強調「而莫有同者焉」，說明韓愈觀察入微，對人、馬的動作、姿態，描寫細膩，用字精練。

韓愈的〈畫記〉是一篇甚少涉及品評鑑賞的雜記文。不談技法，不探畫意，而是以鋪排直說的方式描摹畫面，希望讀者透過文字想見畫作的原貌。這篇以「敘事識物」為主的文章，最值得探尋的，不是通常書畫記文中常見的論藝觀點，而是記畫的鋪敘筆法。全文把握畫中人、馬的動作和神態，激發讀者的想像，文句簡潔，形象生動，這就是韓愈文筆高妙之處。

## 重點提問

**1. 一般的雕刻品多取材於花草鳥獸之類，王叔遠在船艙的小窗上卻刻寫「山高月小，水落石出」、「清風徐來，水波不興」等文字。作者想藉此表現什麼主題？**

參考答案

作者想要表達的主題是「大蘇泛赤壁」。

**2. 依據下列表格，圈選出文句中的動詞，並說明作者使用這些動詞，是要呼應文章中哪些文意。**

| 文句（圈選動詞） |
| --- |
| (1) 啟窗而觀，雕欄相望焉 |
| (2) 東坡右手執卷端，左手撫魯直背；魯直左手執卷末，右手指卷 |
| (3) 東坡現右足，魯直現左足，身各微側；其兩膝相比者，各隱卷底衣褶中 |
| (4) 居左者右手執蒲葵扇，左手撫爐 |

參考答案

說明雕刻的精巧，以致窗戶可開啟，人物的動作都很逼真。

| 文句（圈選動詞） |
| --- |
| (1) 啟窗而觀，雕欄相望焉 |
| (2) 東坡右手執卷端，左手撫魯直背；魯直左手執卷末，右手指卷 |
| (3) 東坡現右足，魯直現左足，身各微側；其兩膝相比者，各隱卷底衣褶中 |
| (4) 居左者右手執蒲葵扇，左手撫爐 |

**3. 第三段介紹船頭有三位人物，蘇東坡居中，你認爲王叔遠這樣的安排有何用意？請依據文本找出支持的理由。**

參考答案

(1) 因為核舟記的主題是大蘇泛赤壁，因此將東坡安排居中坐。

(2) 窗上刻的是東坡前後赤壁賦的文句。

**4. 第一段提到「大蘇泛赤壁」，找一找舟上的船夫有沒有在划船，請依據文本找出支持的證據？**

參考答案

舟上的船夫沒有在划船，因為文中有「舟尾橫臥一楫」的文句，且兩位舟子的四隻手都沒空划船。

**5. 請依據下列表格，統整下列寫作順序**

| 核舟部位 | 寫作順序 | 描寫內容 | | | | |
|---|---|---|---|---|---|---|
| 船頭 | | 佛印、蘇東坡、魯直三人 | | | | |
| 船艙 | (1) | | | 欄杆 | 題文 | |
| 船背 | | 題名 | | | | |
| 船尾 | | 舟子二人 | | | 爐 | |

❖參考答案

| 核舟部位 | 寫作順序 | 描寫內容 | | | | |
|---|---|---|---|---|---|---|
| 船頭 | (2) | 佛印、蘇東坡、魯直三人 | | 書卷 | 念珠 | |
| 船艙 | (1) | 箬篷 | 小窗 | 欄杆 | 題文 | |
| 船背 | (4) | 題名 | | 篆章 | | |
| 船尾 | (3) | 舟子二人 | 楫 | 扇 | 爐 | 壺 |

**6. 從本文段看，王叔遠的高超技藝主要表現在哪些方面？**

❖參考答案

王叔遠的高超技藝主要表現在以下三個方面：

(1) 用料體積小。

(2) 所刻東西（字、景、人、物）多。

(3) 刻劃細膩逼真，情態畢備，富有詩情畫意。

7. 請學生分組討論，繪製出〈核舟記〉的結構圖。

參考答案

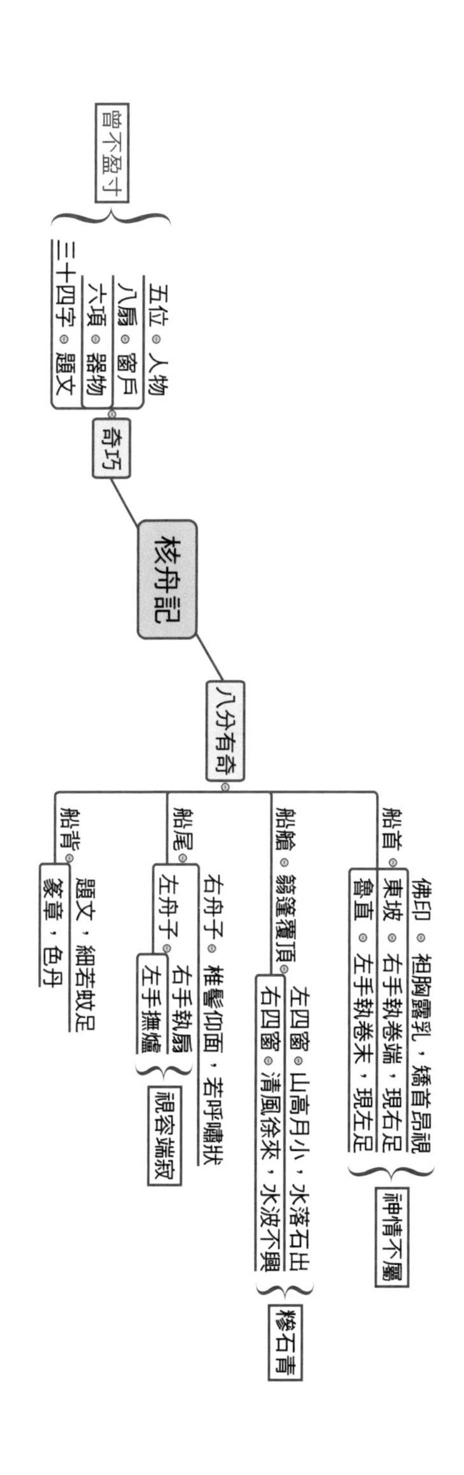


（教學設計者：許文姿）

# 馮諼客孟嘗君

作者：《戰國策》

## 課文

齊人有馮諼者，貧乏不能自存，使人屬孟嘗君，願寄食門下。孟嘗君曰：「客何好？」曰：「客無好也。」曰：「客何能？」曰：「客無能也。」孟嘗君笑而受之，曰：「諾！」左右以君賤之也，食以草具。居有頃，倚柱彈其劍，歌曰：「長鋏歸來乎！食無魚！」左右以告。孟嘗君曰：「食之，比門下之客。」居有頃，復彈其鋏，歌曰：「長鋏歸來乎！出無車！」左右皆笑之，以告。孟嘗君曰：「為之駕，比門下之車客。」於是乘其車，揭其劍，過其友，曰：「孟嘗君客我！」後有頃，復彈其劍鋏，歌曰：「長鋏歸來乎！無以為家！」左右皆惡之，以為貪而不知足。孟嘗君問：「馮公有親乎？」對曰：「有老母！」孟嘗君使人給其食用，無使乏。於是馮諼不復歌。

後，孟嘗君出記，問門下諸客：「誰習計會能為文收責於薛者乎？」馮諼署曰：

「能！」孟嘗君怪之曰：「此誰也？」左右曰：「乃歌夫『長鋏歸來』者也。」孟嘗君笑曰：「客果有能也。吾負之，未嘗見也。」請而見之，謝曰：「文倦於事，憒於憂，而性懧愚，沉於國家之事，開罪於先生。先生不羞，乃有意欲為收責於薛乎？」馮諼曰：「願之！」於是，約車治裝，載券契而行，辭曰：「責收畢，以何市而反？」孟嘗君曰：「視吾家所寡有者！」

驅而之薛。使吏召諸民當償者，悉來合券。券遍合，起矯命以責賜諸民，因燒其券，民稱萬歲。長驅到齊，晨而求見。孟嘗君怪其疾也，衣冠而見之，曰：「責畢收乎？來何疾也！」曰：「收畢矣！」「以何市而反？」馮諼曰：「君云視吾家所寡有者。臣竊計君宮中積珍寶，狗馬實外廄，美人充下陳。君家所寡有者以義耳！竊以為君市義。」孟嘗君曰：「市義奈何？」曰：「今君有區區之薛，不拊愛子其民，因而賈利之。臣竊矯君命，以責賜諸民，因燒其券，民稱萬歲，乃臣所以為君市義也。」孟嘗君不說，曰：「諾！先生休矣！」

後朞年，齊王謂孟嘗君曰：「寡人不敢以先王之臣為臣！」孟嘗君就國於薛，未至百里，民扶老攜幼，迎君道中。孟嘗君顧謂馮諼曰：「先生所為文市義者，乃今日見之。」馮諼曰：「狡兔有三窟，僅得免其死耳。今君有一窟，未得高枕而臥也，請為君復鑿二窟。」孟嘗君予車五十乘，金五百斤，西遊於梁，謂惠王曰：「齊放其大臣孟嘗君於諸侯，諸侯先

迎之者，富而兵強！」於是梁王虛上位，以故相為上將軍，遣使者黃金千斤、車百乘，往聘孟嘗君。馮諼先驅，誡孟嘗君曰：「千金，重幣也；百乘，顯使也。齊其聞之矣！」梁使三反，孟嘗君固辭不往也。齊王聞之，君臣恐懼，遣太傅賫黃金千斤，文車二駟，服劍一，封書，謝孟嘗君曰：「寡人不祥，被於宗廟之崇，沉於諂諛之臣，開罪於君。寡人不足為也。願君顧先王之宗廟，姑反國統萬人乎？」

馮諼誡孟嘗君曰：「願請先王之祭器，立宗廟於薛。」廟成，還報孟嘗君曰：「三窟已就，君姑高枕為樂矣！」

孟嘗君為相數十年，無纖介之禍者，馮諼之計也。

## 總說

本文深刻地呈現戰國時期策士縱橫捭闔於各國之間的詳情。在文章結構上，有鋪陳緒勢、先抑後揚的手法，值得學習，在內容的撰述上，充分表達策士的謀略智計，可供後人斟酌。

馮諼的彈鋏三嘆之計，狡兔三窟之謀，計計連環，事事洞燭，能給予讀者什麼啟示？以收買人心的「市義」為三窟之一，是否得當，亦值得以多元觀點來討論。至於孟嘗君，到底是胸懷廣闊之君，還是識人不明之人，都值得多元探討。

## 教學設計

### ◎聯結（Connection）

要求學生進行聯想思考，並說明之所以如此聯想之理由。於空白學習單上畫出聯想心智圖。

1. 借用字典做出「食」字與「客」字的字義樹狀圖。並請標出本課字義的所在位置。
2. 請從馮諼與孟嘗君的關係上聯想，可以想起歷史哪幾組人物？並請說明關聯的原因。

### ◎合作（Cooperation）

請分組討論下列問題，並指定發言人發言。

1. 請討論並列舉馮諼「市義」，與現代選舉中的「賄選」之異同。
2. 請討論並報告「狡兔三窟」指的是哪三件事？馮諼如何幫助孟嘗君達成。
3. 請討論從「彈鋏三嘆」到「市義」之間，馮諼與孟嘗君的對話方式。並說明作者藉此想表達什麼。

### ◎團體（Community）

全班分為六組，分別探究下列主題（兩組分配一題）。請撰寫文字檔成果報告，並製作五

分鐘PPT簡報。文字檔與PPT檔，請以Moodel平臺（或班級FB，部落格等）繳交。

1. 請繪製本課文章結構圖，並說明繪製原則、理由。
2. 請蒐集有關孟嘗君的故事三則（原文）。並藉此分析孟嘗君之行事與氣度。
3. 戰國的養士風氣可以運用在現代嗎？請從政治上、企業界、學術界來思考，並說出理由。

## ◎ 評論（Commentary）

要求學生閱讀下列文章之後作出評論。

### 〈讀孟嘗君傳〉

王安石

世皆稱孟嘗君能得士，士以故歸之；而卒賴其力，以脫於虎豹之秦。

嗟乎！孟嘗君特雞鳴狗盜之雄耳，豈足以言得士？不然，擅齊之強，得一士焉，宜可以南面而制秦，尚何取雞鳴狗盜之哉？夫雞鳴狗盜之出其門，此士之所以不至也。

1. 請說說你對本文論點的看法？
2. 孟嘗君究竟是能得士？還是不能得士？請說出你的理由。

## ◎反思（Comparison）

下列問題，帶領全班反思。由第一題漸進追問到最終。

1. 「義」可不可以「市」（買賣）？請說出「義」的定義。
2. 本文的「義」是儒家的「義」嗎？二者有何不同。
3. 馮諼在諸子百家中應該是哪一家？為什麼？
4. 請由本課的例子，談談馮諼這類人物的政治抱負與理想。

## ◎延伸（Continue）

### 〈孟嘗君列傳〉 史記卷七十五（節錄）

自齊王毀廢孟嘗君，諸客皆去。後召而復之，馮驩迎之。未到，孟嘗君太息歎曰：「文常好客，遇客無所敢失，食客三千有餘人，先生所知也。客見文一日廢，皆背文而去，莫顧文者。今賴先生得復其位，客亦有何面目復見文乎？如復見文者，必唾其面而大辱之。」馮驩結轡下拜。孟嘗君下車接之，曰：「先生為客謝乎？」馮驩曰：「非為客謝也，為君之言失。夫物有必至，事有固然，君知之乎？」孟嘗君曰：「愚不知所謂也。」曰：「生者必有死，物之必至也；富貴多士，貧賤寡友，事之固然也。君獨不見夫朝趣市者乎？明旦，側肩爭門而入；日暮之後，過市者掉臂而不顧。非好朝而惡暮，所期物忘其中。今君失位，賓客皆去，不足以怨士而徒絕賓客之路。願君遇客如故。」孟嘗君再拜曰：「敬從命矣。聞先生之言，敢不奉教焉。」

1. 馮諼的論說法能說服你嗎？為什麼？
2. 孟嘗君的胸襟與抱負如何？
3. 本文與課文中所呈現的馮諼，政治理念上有何異同之處？

## 重點提問

1. 寫作手法上，對話的運用有何特色？
2. 針對「彈鋏三嘆」與「狡兔三窟」二計，請以多元思考評其優劣處。
3. 有關「市義」一事的多元看法？
4. 藉由相關篇章，討論孟嘗君的胸襟、抱負與識人能力。
5. 對於馮諼的智謀，提出你的看法。

（教學設計者：黃志傑）

# 岳陽樓記

作者：范仲淹

## 課文

慶曆四年春，滕子京謫守巴陵郡。越明年，政通人和，百廢具興，乃重修岳陽樓，增其舊制，刻唐賢今人詩賦於其上；屬予作文以記之。

予觀夫巴陵勝狀，在洞庭一湖。銜遠山，吞長江，浩浩湯湯，橫無際涯；朝暉夕陰，氣象萬千；此則岳陽樓之大觀也，前人之述備矣。然則北通巫峽，南極瀟湘，遷客騷人，多會於此，覽物之情，得無異乎？

若夫霪雨霏霏，連月不開；陰風怒號，濁浪排空；日星隱耀，山岳潛形；商旅不行，檣傾楫摧；薄暮冥冥，虎嘯猿啼；登斯樓也，則有去國懷鄉，憂讒畏譏，滿目蕭然，感極而悲者矣。

至若春和景明，波瀾不驚，上下天光，一碧萬頃；沙鷗翔集，錦鱗游泳，岸芷汀蘭，郁郁青青。而或長煙一空，皓月千里，浮光躍金，靜影沉璧，漁歌互答，此樂何極！登斯樓

也，則有心曠神怡，寵辱偕忘，把酒臨風，其喜洋洋者矣。

嗟夫！予嘗求古仁人之心，或異二者之為，何哉？不以物喜，不以己悲，居廟堂之高，則憂其民；處江湖之遠，則憂其君。是進亦憂，退亦憂；然則何時而樂耶？其必曰：「先天下之憂而憂，後天下之樂而樂」乎！噫！微斯人，吾誰與歸！

時六年九月十五日。

## 總說

范仲淹寫作〈岳陽樓記〉時，正貶任鄧州知州，受貶為岳州知州的滕子京所託，寫作此文。因此，可以嘗試運用貶謫文學的角度來分析鑑賞本文。

文中藉由敘寫「陰雨」和「晴空」兩種不同的風景，引出「雨悲」、「晴喜」的兩樣情緒。由景入情的寫作手法，值得探討。

最後范仲淹提出「先天下之憂而憂，後天下之樂而樂」的觀點，可以據此探究范仲淹安身立命的思想來源。進一步看，范仲淹所提的觀點，在現今社會，是否妥切可行。

## 教學設計

### ◎聯結（Connection）

要求學生進行聯想思考，並說明之所以如此聯想之理由。於空白學習單上畫出聯想心智圖。

**1. 本文爲雜記類文章，請就所讀過的篇章中，找出雜記類文章，並將這些文章分類。**

參考答案：

雜記大體分為四類：亭臺名勝記、遊覽山水記、圖畫器物記、人物事件記。

| 亭臺名勝記：王禹偁〈黃州新建小竹樓記〉、范仲淹〈岳陽樓記〉、曾鞏〈墨池記〉、蘇軾〈超然臺記〉 |
| --- |
| 遊覽山水記：柳宗元〈永州八記〉、王安石〈遊褒禪山記〉、袁宏道〈晚遊六橋待月記〉、徐宏祖〈徐霞客遊記〉、蘇軾〈記承天夜遊〉 |
| 圖畫器物記：韓愈〈畫記〉、劉敞〈先秦古器記〉、白居易〈荔枝圖記〉、魏學洢〈核舟記〉 |
| 人物事件記：歸有光〈項脊軒志〉、錢公輔〈義田記〉、全祖望〈梅花嶺記〉、龔自珍〈病梅館記〉 |

**2. 〈岳陽樓記〉屬於貶謫文學，請說說這種文學內容的特色。再想想，所讀過的篇章，哪一篇文章或哪首詩、詞，也屬於貶謫文學，並請簡要說明該文內容。**

❖參考答案：

蘇軾〈記承天夜遊〉、柳宗元〈始得西山宴遊記〉、歐陽修〈醉翁亭記〉、蘇轍〈黃州快哉亭記〉等。

## ◎ 合作（Cooperation）

請分組討論或完成下列問題，並指定發言人發言或說明作品。

1. 請討論並找出本文中描寫洞庭湖景觀的句子。
2. 請討論並找出本文出現的語氣詞，這些語氣詞各表達出什麼樣的情感？
3. 請共同創作現代版〈洞庭秋晚圖〉，並說明創作理念。

## ◎ 團體（Community）

全班分為六組，分別探究下列主題（兩組分配一題）。請撰寫文字檔成果報告，並製作五分鐘PPT簡報。文字檔與PPT檔，請以Moodel平臺（或HTC Learn Mode平臺、班級FB、部落格等）繳交。

1. 請繪製本課文章結構圖，並說明繪製原則、理由。
2. 請蒐集有關洞庭湖的三首詩，並分析探究詩意。
3. 本文的重心不只是描寫洞庭湖，請追究本文的主旨是什麼？

## ◎評論（Commentary）

要求學生閱讀下列文章之後作出評論。

### 〈記承天夜遊〉

蘇軾

元豐六年十月十二日，夜，解衣欲睡，月色入戶，欣然起行。念無與樂者，遂至承天寺，尋張懷民。懷民亦未寢，相與步於中庭。庭下如積水空明，水中藻荇交橫，蓋竹柏影也。何夜無月？何處無竹柏？但少閑人如吾兩人耳！

1. 請說說本文對景物的描寫，與〈岳陽樓記〉中對景物描寫的差別？
2. 請從〈岳陽樓記〉和〈記承天夜遊〉兩篇文章中，比較作者心態的異同。

## ◎反思（Comparison）

下列問題，帶領全班反思。由第一題漸進追問到最終。

1. 請分別說出文中所謂的「悲」從何來？所謂的「喜」從何出？
2. 請說出文中的「憂」與「樂」的意義。
3. 請比較文中「悲」與「憂」、「喜」與「樂」之異同。
4. 請思考「後天下之樂而樂」的「樂」的完成，如何可能？
5. 在現今社會，怎麼做才能達成「先天下之憂而憂，後天下之樂而樂」？

## ◎延伸（Continue）

### 一、〈蘇幕遮（懷舊）〉

范仲淹

碧雲天，黃葉地。秋色連波，波上寒煙翠。
山映斜陽天接水。芳草無情，更在斜陽外。
黯鄉魂，追旅思。夜夜除非，好夢留人睡。
明月樓高休獨倚。酒入愁腸，化作相思淚。

1. 本闋詞與〈岳陽樓記〉主要描寫的景象，如果都簡化為「登樓覽湖景」一事，請說出此二文寫景之異同。
2. 承上題，請說出二文旨趣之異同。
3. 從〈岳陽樓記〉中可以看出范仲淹是以「君子有終身之憂」的儒家自居，但在本闋詞中似乎未見，請說說你的看法。

## 二、《古文析義・卷五》評說〈岳陽樓記〉

林西仲

題是記岳陽樓，任他高手，少不得要說此樓前如何傾壞，如何狹小，然後敘增修之勞，再寫樓外佳景，以為滕公此舉，大有裨益於登臨耳。文正卻把這些話頭點過，便盡情閣起，單就遷客騷人登樓異情處，轉入古仁人用心，遂將平日胸中致君澤民，先憂後樂大本領，一齊揭出。蓋滕公以司諫謫守巴陵，居廟堂之高者，忽處江湖之遠，其憂讒畏譏之念，寵辱之懷，撫景感觸，不能自遣，情所必至。若知念及君民之當憂，自有不暇於為物喜，為己悲者。篇首提出謫守二字，本是此意。妙在借他方之遷客騷人閒閒點綴，不即不離。謂之為子京說法可也，謂之自述其懷抱可也，即謂之遍告天下後世君子俱宜如此存心，亦無不可。嘻！此其所以為文正公之文歟！

1. 請說說林西仲認為一般以亭臺名勝為主題的雜記類文章會怎麼寫？
2. 本文認為范仲淹在〈岳陽樓記〉中提出「先憂後樂」的抱負，是說給誰聽的？
3. 請討論「此其所以為文正公之文歟」一句之意義，並說出林西仲對范仲淹的看法？

（教學設計者：黃志傑）

# 楚人養狙

作者：劉基

## 課文

楚有養狙以維生者，楚人謂之狙公。旦日必部分眾狙于庭，使老狙率以之山中，求草木之實，賦什一以自奉；或不給，則加鞭箠焉。眾狙皆為苦之，弗敢違也。

一日，有小狙謂眾狙曰：「山之果，公所樹與？」曰：「否也，天生也。」曰：「非公不得而取與？」曰：「否也，皆得而取也。」曰：「然則吾何假於彼而為之役乎？」言未既，眾狙皆寤。其夕，相與伺狙公之寢，破柵毀柙，取其積，相攜而入林中，不復歸。狙公卒餒而死。

郁離子曰：「世有以術使民而無道揆者，其如狙公乎！惟其昏而未覺也，一旦有開之，其術窮矣。」

## 總說

〈楚人養狙〉是一篇寓言故事，全文記敘生動，言詞簡鍊，議論精要，寓意深刻，極富感染力，雖是明朝的作品，在二十一世紀的今日同樣具有啟發性。

〈狙公〉又寫作〈狙父〉，原是《郁離子．瞽聵》的一節，以狙公比喻在位者，老狙比喻官員，眾狙比喻人民，而以小狙自喻，是含有政治寓言的方式。主要闡示君王治民應該依循「正道」，若用權術，則要注意合理性，否則物極必反。

本文的特色是：全文結構嚴謹，第一段寫猴群的境遇和狙公的殘暴；第二段透過小獮猴的三次提問，說出獮猴們竟服膺荒謬的哲理，雖然言語質樸，卻深入淺出，極具啟迪性。一經提點，眾獮猴都茅塞頓開，恍然大悟。第三段寫覺悟後的猴群果決的行動，及暴力統治者悲慘的下場。三個情節銜接緊湊，表達出統治者如不以正道治國，受壓迫的人民一旦覺悟，共同付諸行動，就有機會爭得自由。暴政即將瓦解！

讀完本文，同學能認識作者寫作動機及時代背景，體悟故事的寓意，培養勇於質疑的精神。進而能在老師引導下，改寫或創作簡易的寓言故事。從國語文教學的觀點及閱讀的角度，明白文章的寫作層次與故事線索，文章意旨，且能理解文言文「什一」、「之」、「其」、「于」、「與」字詞的不同用法（附錄1），以及有關《郁離子》（附錄2）這本書的內容。進一步從現實世界中，明白有些國家的人民，因為受不了專制的統治，終將群起反抗。

## 教學設計

### ◎聯結（Connection）

聯結「文體論」，歸納「寓言」的特徵：一、含有比喻或諷喻性，全篇貫串一個極明顯的寓意；二、全篇以教訓性為最重要；三、作品形式都較簡短。表達的技巧可以分為：一、以擬人方式比喻，純敘述故事，說明原因、經過、結果，並沒有議論。二、以擬人方式比喻，敘述故事交代前因後果後，加以議論。

就學生聽過的以動物為題材的寓言故事〈鷸蚌相爭〉和本文作一聯結，比較兩篇不同的表達方式，各有何特色？

**〈鷸蚌相爭〉　戰國策**

趙且伐燕。

蘇代為燕謂惠王曰：「今臣來，過易水，蚌方出曝，而鷸啄其肉，蚌合而拑其喙。鷸曰：『今日不雨，明日不雨，即有死蚌。』蚌亦謂鷸曰：『今日不出，明日不出，即有死鷸。』兩者不肯相舍，漁者得而並禽之。今趙且伐燕，燕趙久相支，以弊大眾。臣恐強秦之為漁父也。故願王熟計之也。」

惠王曰：「善！」乃止。

### 參考答案

〈鷸蚌相爭〉和〈楚人養狙〉兩篇文章就「故事的原因」、「經過」、「結果」、「議論」等項目以及「寫作特色」作一比較，可整理如下表：

| 項目／有無／課名 | 原因 | 經過 | 結果 | 議論 | 寫作特色 |
| --- | --- | --- | --- | --- | --- |
| 有　無 | √ | √ | √ | √ | 由敘事而議論，以狙公諷諭為政者，明白呈現主旨。 |
| 楚人養狙 | 狙公高壓對待猴群 | 小猴子提出質疑 | 眾猴醒悟逃離，狙公餓死 | 統治者以術治國，不行仁政，將眾叛親離 | |
| 有　無 | √ | √ | √ | × | 只敘說故事，其中以動物為喻，道理由讀者體悟。 |
| 鷸蚌相爭 | 趙國將攻打燕國 | 蘇代以「鷸蚌相爭」比喻利害關係，勸阻趙惠王 | 趙惠王取消攻打燕國 | | |

## ◎合作（Cooperation）

學生分成六組，每組設組長一人，記錄一人。一、三、五排至第二位同學位置，二、四、六排至第四位同學位置，分組進行討論。（每組分配一題，第七題每組皆需繪製）

讓學生分組討論以下問題：

1. 狙公用什麼方法養猴子？
2. 作者為什麼安排是小猴子提出質疑，而不是老猴子提出質疑？
3. 本文是怎樣的文體？全文可以分為哪幾個部分？
4. 本文以養狙為喻，有何含意？你的體會如何？說出來與同學分享。
5. 本文敘述的方式為何？
6. 本文如何點出主旨？
7. 繪製「心智圖」，可以掌握本文的脈絡與細節。請討論出結果後，指派小組成員之一提出報告。

參考答案

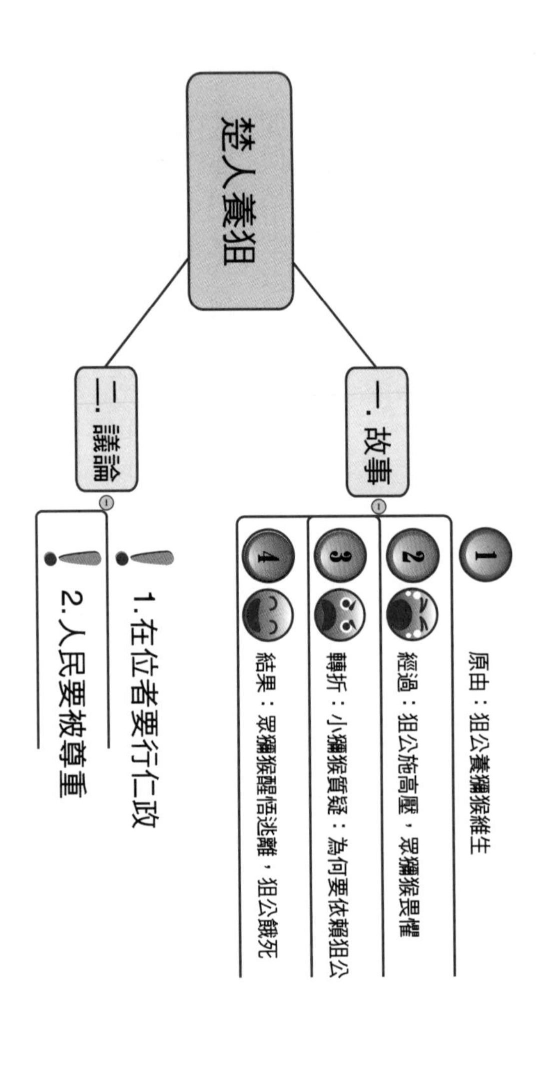


## ◎ **團體**（Community）

學生分成六組，每組設組長一人，記錄一人，編輯一人。分組進行蒐集資料、並討論。

1. 請各組提供或上網搜尋和「獮猴」相關的圖片或照片。

參考答案

① 「獼猴」圖片，如附錄3。

② 相關網址：

http: //blog.xuite.net/yushan_monkey/macaques/23272248

media.forest.gov.tw/ct.asp? xItem=5915&ctNode=306&mp=1

www.vrwalker.net/tw/scenery_view.php? tbname=scenerys&serno=411

2. 請各組以一週時間上網搜尋和猴子相關的成語或俗諺，及成語的運用。

3. 你曾經質疑過什麼事情？是否得到結果？

4. 如果你是狙公所養的猴子，你會怎麼做？

5. 請各組以一週時間整理學過的有關「寓言」的文章或上網搜尋，並分析寫作的技巧，群體討論後製作成PPT檔案，於隔週課堂上進行簡報。（此題為開放性答案）

## 參考答案

### 一、亡鈇意鄰

有一個遺失了斧頭的人，懷疑是他鄰居的小孩子偷的。看那孩子走路，像是偷了斧頭的樣子；臉上的表情，像是偷了斧頭的樣子；說話的神態，也像是偷了斧頭的樣子。看那動作和態度，沒有一樣不像是偷了斧頭的人。

後來，他挖掘山谷中的田地，找到了他遺失的那把斧頭。再看到那鄰居的小孩時，看他的動作和態度，沒有一樣像是偷了斧頭的人。

這篇故事也是藉故事說道理，用遺失斧頭後來又找到斧頭的事件，說明人通常會受先入為主的觀念影響。

## 二、農夫和蛇

在凜冽的冬夜裡有一個農夫，看到路邊有一條蜷縮幾乎被凍僵的蛇，覺得蛇很可憐，於是便把蛇摟在懷中，並且不斷的摩擦，替牠取暖。過一些時候，蛇終於醒來了。農夫正高興驚呼，沒料到蛇竟對著他的胸口猛咬一口，沒多久，農夫就不幸中毒身亡了。農夫臨死前嘆道：「我真笨，為什麼要同情這條恩將仇報的蛇呢？」

改寫自《伊索寓言》

這篇故事的結尾，藉農夫被自己一時心存婦人之仁而害慘的慨嘆，提醒大家不要同情一些沒有人性、喪盡天良的人。

## 三、熊和兩個旅行人

有兩個結伴共同旅行的友人，走在鄉間路上，不巧碰到一隻大熊。其中一個眼尖動作又敏捷的人迅捷地爬上樹，躲在枝葉中。另外一人來不及逃走，只好靈機一動，直挺挺地躺在地上，屏住呼吸一動也不動裝死。熊走上來，用鼻子嗅嗅他，嗅遍他的全身，因為熊不愛吃死屍，所以不久就離開了。熊離開後，樹上的那個人爬了下來，對他朋友說：「熊在你的耳邊說了些什麼？」那朋友緩緩地說：「他給我一個忠告，臨難時只顧自己，卻不顧朋友的人，千萬不要跟他在一起。」

改寫自《伊索寓言》

這篇故事用人類與動物的互動，擬人的方式寫作，最後藉故事主人翁的話語，說明臨難勿棄友的道理。

### ◎反思（Comparison）

狙公的治生之道，是靠對猴群的「鞭箠暴力」和「服從思想」的管控。猴群的覺悟是明瞭：牠們的生存完全不必依賴狙公，甚至狙公是迫使牠們受苦又限制牠們自由的人。猴群的力量來自於大家的覺醒，一致的行動，才會迅速的擺脫困境。

但一般人總習慣於既定的模式，習慣被管束，縱使被奴役也不覺，反而是靠涉世未深，甚至天真率直的「小猴」點醒大家，猴群才如夢初醒，逃離痛苦深淵。

劉基主張施行「仁政」，所以具有相當濃厚的儒家「民本」思想，他認為「民貴君輕」，人民的力量，可以興邦，也可以危邦，統治者不可任意玩弄人民，否則不得民心，難保政權。文中以「狙公」比喻統治者，以「群狙」比喻被統治的百姓，指出統治者是靠人民的力量治國，如果政策太苛刻，逼人太甚，人民一旦覺悟，政權即將失去。明顯摒棄政治應重視「權術」的主張。所謂「為政以德」，唯有道德、制度並重，才是為政的上策。

## ◎評論（Commentary）

劉基生於元末明初的亂世，漢人地位卑微，因此他的思想，十分前進。劉基認為君主雖可「使民」，但必須切合「道」的原則，所謂「使民以時」，否則人民面對長期剝削的情況下，有天怒潮湧起，將群起反抗。請同學分組討論，並從現實世界中，上網查詢哪些國家的人民受不了專制的統治，人民群起反抗的事例。

學生分成六組，每組設組長一人，記錄一人，編輯一人。各組以一週時間整理討論後製作

成PPT檔案，於隔週課堂上進行簡報。（此題為開放性答案）

參考答案

1. 相關網址：

zh.wikipedia.org/

zh-tw/tw.myblog.yahoo.com/jw!yQHuzieRBB0UpqNabg--/article? mid=5285

news.rti.org.tw/index_newsContent.aspx? nid=276791

blog.udn.com/1698/4801100

2. 分組報告

|  |  |
| --- | --- |
| 第一組：<br>突尼西亞茉莉花革命 | 二〇一〇年十二月十七日，突尼西亞二十六歲年輕人穆罕默德・布瓦吉吉，他因失業被迫當無照的小販，曾遭受執法人員的濫用暴力，最後以自焚悲壯地抗議拉開了突尼西亞茉莉花革命的序幕。 |
| 第二組：<br>埃及茉莉花革命 | 二〇一一年一月二十八日，埃及民眾空前抗爭。當天大約有八萬人加入街頭抗議，要求罷黜埃及總統穆巴拉克（Hosni Mubarak）。有年輕人在網上發出「打倒獨裁」的訊息，迅速傳開。由於民眾不滿政府無能、物價上漲和失業率高等問題。因此一呼百應，埃及多個城市大規模民眾集會示威。 |

| | |
|---|---|
| 第三組：中國茉莉花革命 | 在北非和中東多國的「茉莉花革命」延燒之際，中國亦發起各城市的集會示威。但當局先後帶走十四名維權人士。在北京、浙江、四川、貴州、湖南和上海等地，也有超過百名異議人士被帶走、限制外出或下落不明。 |
| 第四組：敘利亞茉莉花革命 | 敘利亞人民自二〇一一年茉莉花革命開始後，一直進行著反獨裁，並對阿薩德政權抗爭，雖然阿薩德政權對人民進行殘酷的血腥鎮壓，但人民一直沒有停止抗爭。 |
| 第五組：中國茉莉花革命 | 廣東陸豐烏坎村村民，因為村官貪腐，引發抗爭，一萬三千名村民與數千名武警對峙，村黨支書記和警察逃跑，國際媒體稱說這是中共史上首次沒有共黨領導的自治村莊。 |
| 第六組：法國茉莉花革命 | 支持茉莉花革命的民眾，在法國南特的街頭群起示威抗議。 |
| 附錄（最新時事）：香港學運 | 二〇一四年九月，學生罷課，連帶引起罷工，為爭香港特首普選，爭民主權。二十九日夜，十萬餘人佔據中環地帶，同聲爭取訴求！並要求現任特首梁振英下臺。 |

茉莉花是非洲國家突尼西亞的國花，是第一次因民眾抗議而讓一個政權倒臺，所以這次政權更替被稱為「茉莉花革命」。

整起事件原因是發生在該國南部西迪布吉德城市，一位在街上販賣蔬果的二十六歲青年穆罕默德．布瓦吉吉，因為沒有申請擺攤執照被警察沒收攤車。不久他抗議警察執法不當，於二〇一〇年十二月十七日自焚，不治身亡。導致一連串反政府的示威抗議開始並逐漸擴散至全國，結果總統阿里下臺。

歐美媒體大多數認為「茉莉花革命」敲響了中東的警鐘。稱這是「尊嚴革命」，人民要找回尊嚴，不再受暴力控制。後來這風潮吹向埃及、阿爾及利亞、利比亞和約旦，因為這些國家面臨與突尼西亞同樣的經濟和政治困境。

在臺灣我們也看到人民對民主尊嚴及參與政權決策的渴望，例如對核四的存廢，公保勞保退休制度的改革等都熱烈參與，在在都反映人民的心聲。可見人民對民主的嚮慕，古今皆同，執政者一定要深思。

## ◎延伸（Continue）

**1.** 本文是以動物爲題材的寓言故事，藉小獼猴識破主人對牠們無理剝削、控制而集體遁逃的故事，警惕爲政者不能徒靠權謀役使百姓，否則必遭唾棄。外國伊索寓言亦有此類故事，請同學閱讀後，回答下面的問題。

**(1) 猴子與漁夫**

河邊一棵大樹上，有隻猴子悠閒地坐著，仔細看著河裡漁夫撒網的動作。一會兒，漁夫們收起了網離開了。

猴子連忙爬下樹來，想模仿漁夫捕魚。牠一拿起網，反而把自己網住了，掙脫不出，差點就被淹死。猴子上岸後，喘一口氣說：「我真是活該！沒有學會撒網，怎麼就學人家抓魚呢？」

改寫自《伊索寓言》

評量題：

（　）本則故事的寓意說明的道理，不含下列何者？

(A)不要不假思索地模仿他人

(B)不經思考的模仿，容易事半功倍

(C)模仿不適合自己的行為，容易出錯

(D)猴子的行為可用「東施效顰」來形容

答案：(B)

解析：(B)容易弄巧成拙

(D)比喻不衡量本身的條件，而盲目胡亂的模仿他人，以致收到反效果

### (2) 山羊的詭計

有個農人在家豢養著山羊和驢子。主人總是給驢子餵飽足夠的飼料，山羊不免心生嫉妒，便對驢子說：「驢子！你一會兒要推磨，一會兒又要馱那麼重的貨物，好辛苦啊！不如裝病，摔倒在地上，這樣就可以休息啦！」

驢子聽了山羊好心的勸告，故意摔得遍體鱗傷。主人好心疼，馬上請來醫生，為牠治療。

醫生說必須將山羊的心肺熬湯作藥給驢子喝，病才可以治癒。主人一聽，毫不考慮，馬上殺掉山羊，為驢子治病。

改寫自《伊索寓言》

**評量題：**

（　）本則故事可用下列哪個成語來形容山羊的行為？

(A)自食其果
(B)自力更生
(C)自斷其尾
(D)自求多福

答案：(A)

解析：(A)自己吃到自己所種的果實。比喻做了壞事，由自己承擔其後果

(B)用自己的力量經營生計

(C)形容當人或事在不得已的情況下，作一些小犧牲，以求得性命或是東山再起的契機

(D)靠自己的能力求取福祿

**2. 團體討論集思廣益後，改寫一則寓言故事。**

參考答案

秀才趕考（改寫自網路故事）

有位秀才進京趕考，投宿在客棧。考前他做了三個夢：第一次是夢到自己在高山上種菜，第二次是夢到下雨天穿了雨衣還打傘，第三次是夢到和太太背靠著背躺在一起。第二天秀才找人解夢，算命師一聽，連忙說：「你還是回家吧！高山上種菜不是白費力氣嗎？穿雨衣還打傘就是多此一舉！和太太背靠背躺著，不就是同床異夢？」

秀才一聽，心灰意冷，收拾包袱準備回家。店老闆狐疑問道：「要考試了，怎麼回鄉？」秀才解釋一番，店老闆說：「你一定要留下來應試！你想想看，高山上種菜，不是『高中』

嗎？穿了雨衣又打傘不是『雙重保障』嗎？和太太背靠背躺著，正說明你『翻身』的機會就來了啊！」秀才一聽，精神振奮，積極準備，果真中了探花。

這篇故事直接陳述，前後映襯法，提醒大家要「積極樂觀」正向思考問題，能夠把「危機」化成「轉機」。因此當困難來時，何不冷靜判斷，並朝積極正面去思考，相信必能「柳暗花明又一村」！

## 重點提問

**1. 對於在上位者只知耍手段，卻不顧人民死活的作法，你要如何抵制？**

參考答案

可以效法文中小猴子，啟發眾人，結合大家的力量共同來反抗。

**2. 你認爲寓言的特徵是哪些要素？表達的技巧又可分爲哪些？**

參考答案

(1)「寓言」的特徵：

①含有比喻或諷喻性，全篇貫串一個極明顯的寓意。

②全篇以教訓性為最重要。

③作品形式都較簡短。

⑵表達的技巧可以分為：

①以擬人方式比喻，純敘述故事，說明原因、經過、結果，並沒有議論。

②以擬人方式比喻，敘述故事交代前因後果後，加以議論。

**3. 請比較中、西方寓言故事的異同。**

參考答案

中國寓言故事大部分以動物為例，擬人化筆法，有些是神話人物；一般僅說故事，部分有說道理。西方寓言故事主要在古希臘，《伊索寓言》的角色，同樣有百分之八十是動物，同樣是擬人化；少部分是植物以及其他自然界中的景物，例如：太陽、大河、北風、春、夏、秋、冬等。同樣有神話人物。也有不少的「抽象」事物「具象化」了。例如「誓言」生了腳，「希望」也長了翅膀。

## 附錄

**1. 數字在文句中的意義有下列幾種用法：**

⑴本文中「什一」的用法是屬於拆數的方式表達，指幾分之幾的用法。如：

①人生不如意「十常八九」→指十分之八或九

②老師雖已年過「半百」，上課仍神采奕奕，精神百倍→指一百的二分之一（五十）

③公職人員招考錄取率不達「萬一」→指萬分之一

(2)「倍數相乘」的用法，如：

①「三五」月圓時，常見善男信女到寺廟上香→指農曆十五日（三乘五）

②「四五」蟾兔缺，難怪月亮越來越扁了→指農曆二十日（四乘五）

③古時候的子女在父母過世後，要守「五五之喪」→指二十五個月，超過兩年就算是三年了（五乘五）

(3)「單純數字」的用法，如：

①班長對老師交代的事，要勇於承擔別「推三阻四」

②上課鐘聲已響，還有同學「三三兩兩」的在走廊漫步

③「九二一」大地震，令大家餘悸猶存

(4)「數字諧音」的方式，如：

①情人節快樂！「5201314」→指我愛你一生一世

②祝你事事如意「168」→指一路發

③小組童軍課表演跳舞，顯得「2266」（閩南語發音）→指零零落落

**2. 劉基及《郁離子》的介紹：**

劉基，字伯溫，處州青田人，元末明初文學家、政治家。因不為元朝廷所重用，棄官隱居，撰寫《郁離子》，以寓言針砭時政。後輔佐朱元璋成為明朝開國元勛之一。他的弟子徐一夔解釋說「離為火，文明之象，文采郁郁然，為盛世文明之治，故曰『郁離子』。」劉基在書中假託《郁離子》為貫穿寓言的中心人物，時而直接作論，時而參與問答，時而旁觀評贊，實為作者的化身。而且此書取材甚廣，上起歷史古人，下至庶民百姓，旁及神仙鬼怪，無所不包，顯現他的學問縱博，文辭卻又富麗典實，手法多變，凡此諸多特色，皆使《郁離子》一書成為中國寓言史上難得的精品。

3.「獼猴」圖片（攝影：謝翠珠老師）

（教學設計者：廖惠貞）

# 爲學一首示子姪

作者：彭端淑

## 課文

天下事有難易乎？為之，則難者亦易矣；不為，則易者亦難矣。人之為學有難易乎？學之，則難者亦易矣；不學，則易者亦難矣。

吾資之昏，不逮人也；吾材之庸，不逮人也。旦旦而學之，久而不怠焉；迄乎成，而亦不知其昏與庸也。吾資之聰，倍人也；吾材之敏，倍人也。屏棄而不用，其昏與庸無以異也。然則昏庸聰敏之用，豈有常哉？

蜀之鄙有二僧，其一貧，其一富。貧者語於富者曰：「吾欲之南海，何如？」富者曰：「子何恃而往？」曰：「吾一瓶一缽足矣。」富者曰：「吾數年來欲買舟而下，猶未能也。子何恃而往？」越明年，貧者自南海還，以告富者，富者有慚色。西蜀之去南海，不知幾千里也；僧之富者不能至，而貧者至焉。人之立志，顧不如蜀鄙之僧哉？

是故聰與敏，可恃而不可恃也；自恃其聰與敏而不學，自敗者也。昏與庸，可限而不可限也；不自限其昏與庸而力學不倦，自立者也。

## 總說

本文是作者彭端淑對子姪談論為學的道理，是一篇論說文。彭端淑是四川丹稜縣人，他的詩文在清代享有聲名，和李調元、張問陶並稱「四川三才子」。彭端淑曾任廣東肇羅道的觀察使，辭官返鄉後，在成都錦江書院講學，所以他是詩人、作家也是教育家。他告訴子姪，作學問沒有絕對的難易，只要肯努力有恆心，堅定向學，就能有志竟成。雖然人們有平庸、聰敏的差別，但只要努力，就不會被資質高下所限制！並引用四川偏遠的兩位僧人為例，更貼切說明「力學不倦」的重要。這是一篇勸勉子弟為學的篇章，殷殷懇切之詞，躍然紙上，十分適合正進德修業的青少年閱讀。因此這篇文章從部編版至今，依然受重視。一般青少年朋友，在學習路上，有些因天賦優異而恃才傲物，有些又自認駑鈍不肯力學。解決之道，只有持續勤勉不懈。作者提出努力可以改變學習結果，給學習者莫大鼓舞。因此作者寫作的目的，本是訓勉子姪，更在討論為學的道理。

本文句式整齊，說理明晰，全篇扣緊「力學不倦」來立說。進而推廣「有志竟成」的道理，先原則性的說明，經過舉證後再作結論：「自恃其聰與敏而不學，自敗者也。不自限其昏與庸而力學不倦，自立者也。」這種佈局是論說文最穩健的手法。

讀完本文，同學能理解作者寫作動機，體悟為學立志的重要，培養不畏難，全力以赴的學

習態度。明瞭文言詞語，如「語」、「顧」、「去」、「之」單字的不同用法，並能在創作時運用對比的方式寫作。

## 教學設計

### ◎聯結（Connection）

聯結「文體論」，歸納「論說文」所具備的要項，一般可以包括：引論、申論、結論三部分。本文引論（第一段）：提出論點；申論（第二、三段）：據理論證及舉例論證；結論（第四段）：區別自敗者和自立者的結果。四段皆採對比、排比的手法，並依起、承、轉、合的方式表達。繪製「心智圖」，可以掌握本文的脈絡與細節。

參考答案

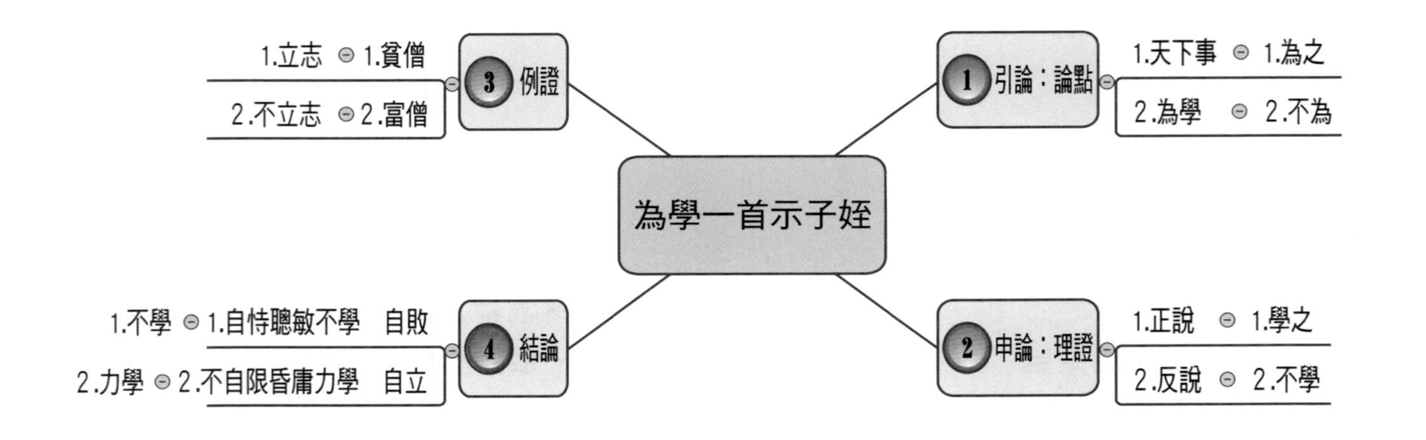


◎ **合作（Cooperation）**

讓學生分組討論以下問題：

**1.「何恃」的意思、用法，及其他相似的用法？**

參考答案

「何恃」，即「恃何」的倒裝句，指「憑什麼」，帶有輕視的意思。其他類似的倒裝句有：(1)菊之愛→愛菊。（愛蓮說）(2)蓮之愛→愛蓮。（愛蓮說）(3)牡丹之愛→愛牡丹。（愛蓮說）(4)綠樹村邊合→綠樹合村邊。（過故人莊／孟浩然）(5)黃河入海流→黃河流入海。（登鸛雀樓／王之渙）(6)徐噴以煙→以煙徐噴（兒時記趣／沈復）(7)其賢者使使賢主→使其賢者使賢主 (8)不賢者使使不肖主→使不賢者使不肖主（《晏子使楚／晏子春秋》）

**2.請各組以一週時間討論舉出古今中外一個原本天資好，但因不肯學，後來變平庸的例子。**

**（此題為開放性答案）**

參考答案

宋朝的方仲永小時候非常聰穎，在髫齡前從未見過筆墨文具，卻哭著要求父親給他，父親雖覺怪異，仍向鄰居借得，沒想到方仲永天賦異稟，文思泉湧，提筆寫就一首詩。聲名傳開之後，村民極力推崇仲永的才氣，常招待仲永父子，好見識小詩人的功力。父親得意之下，便帶著仲永，四處炫耀他的文才，因此阻礙了學習的路。所以仲永在十二、十三歲時開始退步，最後到了弱冠時，他已失去才氣，成了一個平庸的人了。

**3. 請各組以一週時間討論舉出古今中外一個機會或條件雖然不是最好，但因肯努力學，後來成功的例子。（此題爲開放性答案）**

參考答案

「哈佛小子」林書豪，只是一直沒有好的上場機會和時間，當火箭簽走林書豪時，他感恩地謝謝火箭讓他能當德州人。不久，紐約人又簽走他，他笑稱：「終於有機會再把冬天的雪衣拿出來了。」他那種不自滿、保持謙虛學習，充滿感激樂觀積極面對逆境的態度是成功的其中一項重要因素。如柯比所言：「他的經歷是偉大的故事，一個透過自己的努力去實現奇蹟的例子，他可成為全世界年輕人的榜樣。我肯定他每天都在不停地練習，而且始終對自己抱有希望和信任。」林書豪勇敢地抵抗逆境，發揮對抗壓力的驚人表現，憑著個人毅力抱擁成功。他的高中校隊教練史萊頓讚賞他：「林書豪十足努力才能達到現在的位置，林書豪熱潮是他所應得的，現在林書豪正走向全球！」

**4. 就林良先生所寫的〈不要怕失敗〉和本文都是長輩對晚輩談「學習」的文章，就論說文寫作中有引論、申論、事例、引用、結論的寫作方式，請作一比較。**

參考答案

林良先生所寫的〈不要怕失敗〉文章內容可參考搜尋網頁www.nani.com.tw/nani/jlearn/jlearn_chin.jsp? file=chin/extra/extra_2。

林良先生所寫的〈不要怕失敗〉和本文都是長輩對晚輩談「學習」的文章，就論說文寫作中有引論、申論、事例、引用、結論的寫作方式，以下用圖表作一比較：

| 課名 | 為學一首示子姪 | | 不要怕失敗 | |
|---|---|---|---|---|
| 項目 | | | | |
| 起 | 起——引論 | 只要努力，無論做事或為學，都不難 | 起——女兒事例 | 女兒考試成績不理想，心情沮喪 |
| 承 | 承——申論 | 無論昏庸或聰敏，唯有旦旦而學才有成 | 承——說明 | 要她找出失敗的原因，將有助於進步 |
| 轉 | 轉——二僧事例 | 舉蜀鄙二僧例，說明只要立志且有恆，就能成功 | 轉——自己事例 | 舉自己年輕在福建鄉村小學教書，遭遇失敗的經驗 |
| 合 | 合——結論 | 不可自恃聰敏，也不可被昏庸自限，勉人要力學不倦 | 合——結論 | 領略失敗越多，學習越多，進步更快，離成功就越近 |
| 主旨 | 主旨 | 作者對子姪談論做學問的道理 | 主旨 | 作者告訴孩子如何面對失敗、不要怕失敗的道理 |
| 寫作手法 | 寫作手法——文體 | 藉事說理，內容是論說文 | 寫作手法——文體 | 藉事說理，形式是應用文，內容是論說文 |

**5. 課文〈爲學一首示子姪〉中的「學」字，包含哪些方面的學習呢？態度要如何呢？（此題爲開放性答案）**

參考答案

(1)「學」字除了求學，也有學做人，學做事，學才藝的涵意。

(2)學習的態度要持續、有恆、又謙虛。

**6. 本文除了課本的分段方式，還可以如何分段？**

參考答案

本文除了課本的分段方式，還可以將原來第三段「西蜀之去南海，不知幾千里也；僧之富者不能至，而貧者至焉。人之立志，顧不如蜀鄙之僧哉？」另起一段，為第四段，和最後一段同屬於論說筆法。

◎**團體（Community）**

**1.** 請各組提供或上網搜尋和「缽」相關的圖片及語詞。

❖參考答案

(1)「缽」的相關圖片：

圖1、2、3是陶瓷缽，圖4是鐵製的缽（攝影：廖惠貞老師）

圖1

圖2

圖3

圖4

(2)和「缽」相關的語詞：

「缽」通「鉢」，①缽盂：出家人的飯器。②衣缽：佛教僧尼的袈裟與飯盂。泛指老師

所傳授的思想、學術、技能。③托缽人：以手托承缽具而乞食的人，同叫花子、乞丐。④沿門托缽：原指僧尼挨家向人請求布施。後泛指挨戶乞食。⑤和尚在，缽盂在：比喻人在物在，留得青山在，不怕沒柴燒。

**2. 請各組以一週時間整理學過的或上網搜尋有關「映襯」筆法的句子，討論後製作成PPT檔案，於隔週課堂上進行簡報。**

參考答案

(1)我的一小步，是人類的一大步。（阿姆斯壯）

(2)立在城市的飛塵裡，我們是一列憂愁而快樂的樹。（張曉風／行道樹）

(3)只因這是生命中最沉重，也是最甜蜜的負荷。（負荷／吳晟）

(4)日不過數升，而秣不擇粟，飲不擇泉←→日啗芻豆數斗，飲泉一斛，然非精潔即不受（岳飛／良馬對）

(5)攬轡未安，踴躍疾驅，甫百里，力竭汗喘，殆欲斃然。←→介而馳，初不甚疾，比行百里，始奮迅，自午至酉，猶可二百里，褫鞍甲而不息不汗，若無事然。（岳飛／良馬對）

(6)譬如為山，未成一簣，止，吾止也；←→譬如平地，雖覆一簣，進，吾往也。（論語

選）

(7)爸走過去，一反平日粗聲粗氣，溫柔地輕攬她的肩頭。（小白豬／李捷金）

(8)犯的事小，她等到第二天早晨我睡醒時才教訓我。犯的事大，她等到晚上人靜時，關了房門，先責備我，然後行罰，或罰跪，或擰我的肉。（胡適／母親的教誨）

(9)做人不要掌心向上，向人乞憐，要隨時不忘掌心向下，給人幫助救援。（劉俠／生之歌）

⑽從有限的生命發揮出無限的價值。（劉俠／生之歌）

**3. 請各組以一週時間整理學過的，或上網搜尋有關「勤學」的成語應用，討論後製作成PPT檔案，於隔週課堂上進行簡報。（此題為開放性答案）**

參考答案

(1)漢代匡衡「鑿壁偷光」刻苦勤學。

(2)晉代車胤及孫康在艱困的環境中，「囊螢映雪」勤奮讀書。

(3)范仲淹少年時，在長白僧舍，「斷齏畫粥」貧苦力學。

(4)古人蘇秦發憤苦讀「懸梁刺股」的認真精神，令人佩服。

(5)哥哥勤奮讀書「韋編三絕」終於考上高普考。

(6)唐人李密貧寒，「牛角掛書」常邊行邊勤勉讀書。

(7)讀書若到「口舌成瘡，手肘成胝」的地步，必大有所成。

(8)他這個人一讀書就「發憤忘食」勤奮極了。

**4.請各組以一週時間整理學過的有關「論說文」的文章或上網搜尋，並分析寫作的技巧，群體討論後製作成PPT檔案，於隔週課堂上進行簡報。**

參考答案

(1)秦牧/蜜蜂的讚美，是論說文，採起、承、轉、合的章法。

①起——第一~二段：敘述受讚美的昆蟲有不少，次段直接切入主題，說明蜜蜂釀蜜的方法，能給予人們重要的啟示。

②承——第三~五段：統計數字說明蜜蜂採蜜、釀蜜的辛勞，再引培根的話讚美蜜蜂，強化蜜蜂特性。第六~十段：蜂蜜美味的原因，除了原料上乘外，還經過蜜蜂的重新釀造。

③轉——第十一~十二段：焦點轉到人身上，許多藝術大師的學習態度與蜜蜂釀蜜有異曲同工之妙，自然界的精深博大，也具有類似的道理。

④合——第十二段：總結蜜蜂所帶來的啟示，並給予至高無上的讚美。

(2)陳幸蕙/世界是一本大書，也是論說文，環繞「世界是一本大書」的主題，以起承轉合的形式，舉證說明，脈絡清楚。

①起——第一～三段：說明全方位的閱讀者，應該能讀無字之書，從山水、生活間體悟道理。

②承——第四段：引用法加強論點，說明閱讀世間之美，到處都是書。

③轉——第五段：談人間悲情、世界傷痛，閱讀者的心靈隨之反省或關懷。

④合——第六段：闡明書的定義不狹隘，閱讀者的姿態應該更舒展自由，歸結世界是一本大書。

**5. 作者的子姪們屬於哪類型的人，讀完本文後，會有什麼反應？如果是你，又有什麼感想？**

**（此題爲開放性題目，由同學自行發表。）**

❖參考答案

作者的子姪們也許有自立者，也許有自敗者，若是資質聰明或不用心者，將得到告誡而收起玩心，改變態度；若是天賦魯鈍態度卻很用心者，則可得到莫大的鼓勵，繼續努力學習。讀此文後應有所鼓勵或警惕吧！（個人的感想則自由發揮）

**6. 請各組分辨「恃、侍、峙、持」及「迄、訖、屹、矻」的用法。**

參考答案

(1) 分辨「恃、侍、峙、持」的用法

| 形近字 | 字音 | 意思 | 語詞 |
|---|---|---|---|
| 恃 | ㄕˋ | 憑藉、依靠 | 有恃無恐 |
| 侍 | ㄕˋ | 伺候 | 服侍 |
| 峙 | ㄓˋ | 矗立 | 聳峙 |
| 持 | ㄔˊ | 攙扶、幫助 | 扶持 |

(2) 分辨「迄、訖、屹、矻」的用法

| 形近字 | 字音 | 意思 | 語詞 |
|---|---|---|---|
| 迄 | ㄑㄧˋ | 到 | 迄今 |
| 訖 | ㄑㄧˋ | 完畢 | 銀貨兩訖 |

| 形近字 | 字音 | 意思 | 語詞 |
| --- | --- | --- | --- |
| 屹 | 一ˋ | 高聳直立的樣子 | 屹立 |
| 矻 | ㄎㄨˋ | 勤勉不懈的樣子 | 孜孜矻矻 |

**7. 分配各組整理本課「語」、「顧」、「去」、「之」單字不同的意思。**

參考答案

(1)「語」的不同用法

| 詞性 | 意思 | 舉例 |
| --- | --- | --- |
| 動詞 | ①告訴 | 貧者「語」於富者。 |
| | ②沉默、不愛說話 | 不言不「語」。 |
| 名詞 | ①零碎、簡短的文字 | 隻字片「語」。 |
| | ②評定好壞的用語 | 評「語」。 |

(2)「顧」的不同用法

| 詞性 | 意思 | 舉例 |
| --- | --- | --- |
| 副詞 | 反而 | 「顧」不如蜀鄙之僧哉？ |
| 動詞 | ①看、張望 | 左「顧」右盼。 |
| | ②拜訪、探望 | 三「顧」茅廬。 |
| | ③關照 | 「顧」此失彼。 |
| | ④回首、回頭看 | 卻「顧」所來徑。 |

(3)「去」的不同用法

| 詞性 | 意思 | 舉例 |
| --- | --- | --- |
| 動詞 | ①距離 | 西蜀之「去」南海、相「去」復幾許。 |
| | ②離開 | 曾不吝情「去」留。 |
| | ③前往 | 「去」哪兒。 |
| | ④過去 | 暮「去」朝來。 |
| 名詞 | 國字的四聲 | 平上「去」入。 |

(4)「之」的不同用法

| 詞性 | 意思 | 舉例 |
| --- | --- | --- |
| 代詞 | ①指天下事 | 為「之」。 |
| | ②指知識 | 學「之」、旦旦而學「之」。 |
| | ③指南海 | 而貧者至「之」。 |

| 詞性 | 意思 | 舉例 |
| --- | --- | --- |
| 動詞 | 前往 | 吾欲「之」南海。 |
| 助詞 | ①的 | 蜀「之」鄙、蜀鄙「之」僧哉。 |
| | ②無義 | 吾資「之」昏（聰）、吾材「之」庸（敏）、西蜀「之」去南海。 |
| | ③無義 | 人「之」立志。 |

## ◎反思（Comparison）

在日新月異的二十一世紀，凡事要多學多接受新觀念、新作法、新技藝、新的3C產品，否則就跟不上時代了。

但社會上一般人仍偏重讀書，北宋汪洙的〈神童詩〉：「天子重英豪，文章教爾曹。萬般皆下品，惟有讀書高。」俗諺也說：「子弟不讀書，就像沒眼珠」，說明自古以來，都是重視讀書，甚至存有守舊的士大夫觀念，期待子女出類拔萃、出人頭地。甚至認為「萬般皆下品，惟有讀書高」，對「行行出狀元」的說法並不認同。日前有位博士賣雞排，社會輿論喧騰一時，這位博士生表示，若在十年前，他也不會放棄成為教授的夢。

面對大環境的變遷，及少子化的衝突，是否還要堅持「萬般皆下品，惟有讀書高」的看法，值得深思啊！反觀學得一技之長，雖然沒有傲人的學歷光環，仍可以開創自己的一片天。所謂「良田萬頃，不如一技在身」。例如麵包師傅吳寶春，憑著苦學與創新研發在國際間揚名，新加坡甚至早我們國家一步，延攬他去念「EMBA」在職碩士班；「觀光教父」嚴長壽先生日前也說每個人應該學習自己想要的東西，讀書與學習面臨考驗，「惟有讀書高」這觀念值得我們深思啊！

## ◎評論（Commentary）

本文是作者對子姪們談論為學的道理，探究其旨意應該是針對子姪中有些聰明但不用心，或者有些魯鈍態度卻很用心的情形，給予告誡與鼓勵。全文以學習態度為宗旨，不禁想起臺灣職籃臺啤隊前幾年推出「態度」的說法，所謂「態度決定高度，格局決定結局」。也就是學習態度決定成就的高度，處世格局決定命運的結局。

因此作者首先強調只要努力，無論做事或為學，都沒有難事。接著說明無論昏庸或聰敏，唯有旦旦而學才能有成。由此可知學習態度的重要，因為態度會改變想法，想法會形成行為；經過長時間的養成後，行為變成習慣，無形中形成人格，進而改變一生的命運。由此可感受到作者對子姪殷殷啟迪的用心了。

## ◎延伸（Continue）

**1. 請同學閱讀下列兩首詩，並回答問題。**

**(1)〈贈僧詩〉** 彭端淑

有僧遠至蜀中至，赤足峰頭向我鳴。
欲刻韋陀鎮佛寺，為求巧匠到京城。
一瓶一缽隨緣募，千山千水背負行。
志士苦行能若此，人間尚有何事難！

評量題：

（　）本詩和〈為學一首示子姪〉，所要表達的旨意，不含下列哪一選項？
(A)不畏艱難　(B)諄諄勸學　(C)逾淮為枳　(D)堅苦篤行

答案：(C)

解析：(C)指東西到了不同的地方，它的質地形貌就會變，指環境對學習的影響很大

## (2)〈懊惱詞〉

彭端淑

盛年嬾[1]讀書，頭白方知悔。千卷列我前，浩翰同滄海。覽之未盈[2]篇，精氣先已餒[3]。記一不記十，焉知性靈改。感此心如擣[4]，立身苦不早。長安諸少年，瑰麗騁奇藻。富貴俯拾遺，意氣凌青昊[5]。而我復何為，陳跡窮搜討，缺月無重輪，春華不再好。我才本就衰，人情方厭老。寄語後來人，慎勿歌懊惱。

注釋：

①嬾：同「懶」。

②盈：滿。

③餒：不足。

④擣：俗作「搗」。

⑤青昊：指廣大無邊際的天。

### 參考語譯

我盛年的時候懶於讀書，一直到老了，頭髮白了才知道後悔。千卷的書籍擺放在我眼前，像是廣大的書海。讀書還不滿一篇，就精疲力竭。讀起書來只記得一句而忘了十句，哪知自己的靈思和本性早就改了。感念到此，我的心好像是受到沉重的打擊，怨嘆自己未能及早立志。現今長安的少年們，寫起文章來思潮澎湃、詞藻豐美。很容易地就取得了功名利祿，意氣風發，彷彿可以凌駕青天。我又還能再做些什麼呢？以往的年歲已無法尋回，就像是已缺的月

亮，不再圓滿，那盛開過的春花，不再美麗。我的才華本來就衰微，又憂煩老去，這也是人之常情。這些話，我也是希望告訴後來的人，一定要好好把握青春，不要像我一樣到年老體衰才感嘆懊惱不已啊！

**評量題：**

（　）本詩要表達的旨意，是下列何者？

(A)年輕不知好學，老了才知讀書

(B)自己晚年學習，可以漸入佳境

(C)正是好讀書不好讀書的寫照

(D)提醒年輕學子要把握時間，趁年輕時努力學習

答案：(D)

解析：(A)老了才想讀書的懊惱

(B)覺得為時過晚

(C)正是好（ㄏㄠˋ）讀書不好（ㄏㄠˇ）讀書

**2. 請你運用對比的方式寫作，題材不拘，完成約一百五十字的創作。**

參考答案

年少的時間最寶貴，如果能把握時間，按部就班用心學習，積極地培養良好的興趣，你不僅能獲得知識，有良好的人際關係，身心也能得到健全的發展。反之你若不能把握時間，虛擲光陰，不肯踏實學習，消極地鎮日沉迷3C產品，不但無法獲得基本的知識，與人互動不佳、關係不好，身心也將無法獲得健全的成長。

（教學設計者：廖惠貞）

# 張劭與范式

作者：范曄

## 課文

范式，字巨卿，山陽金鄉人也，一名氾。少遊太學，為諸生①，與汝南張劭為友。劭，字元伯。二人並告歸鄉里②。式謂元伯曰：「後二年，當還，將過拜尊親，見孺子焉。」乃共尅③期日。

後期方至，元伯具以白母，請設饌以候之。母曰：「二年之別，千里結言④，爾何相信之審⑤邪？」對曰：「巨卿信士⑥，必不乖違⑦。」母曰：「若然，當為爾醞酒。」至其日，巨卿果到，升堂⑧拜飲，盡歡而別。

**注釋：**

①諸生：指在太學的學生。
②告歸鄉里：請假回家鄉。
③尅：音ㄎㄜˋ，約定。
④結言：口頭的約定。
⑤審：確實可靠。
⑥信士：守信用的人。
⑦乖違：違背。
⑧升堂：登上廳堂。升，登、上。

## 總說

本文選自范曄《後漢書．獨行傳》，描寫張劭、范式兩人守信重諾的故事。《後漢書》與《史記》、《漢書》、《三國志》並稱「四史」。它繼承了《史記》、《漢書》的體例，並加以發揚光大。文章採順敘之法。人物、事件的敘述，簡筆掠過；而張劭與母親的對話，卻占最大篇幅。藉由這篇短文，除了體會「信守承諾」的重要與可貴之外，還可以學到利用對話使文章更生動、親切的寫作技巧。

## 教學設計

### ◎聯結（Connection）

文言文的學習重點有翻譯、找省略、虛字的用法等。我們就以這篇小短文來練習如何閱讀文言文。

建議作法

**1. 翻翻看**

范式，字巨卿，（年輕時在太學求學），和汝南人張劭是好朋友。張劭，字元伯。（兩個人一起請假回到家鄉）。范式對張劭說：「（兩年以後應當返回，我將拜訪你的父母大人，看看你的小孩。）」於是（一起約定了見面的日期）。

後來（約定的日期就要到了），張劭把這件事全部向母親說了，（請母親準備酒食來等候范式）。母親說：「分別了兩年，（路途這麼遙遠，又是口頭之約），你何必這麼認真地相信呢？」張劭說：「（范式是一個講信用的人），一定不會違背約定。」母親說：「如果這樣，我就為你釀酒吧！」到了約定的那一天，范式果然來到，二人一起（登上大廳拜見張劭的雙親，一起喝酒吃飯），盡情歡談敘舊，然後告別。

**2. 找找看：文中所省略的主詞**

(1)（范式）與汝南張劭為友。

(2)（我）將過拜尊親，見孺子焉。

(3)（范、張）二人並告歸鄉里。

(4)（張劭）請（母）設饌以候之。

(5)（范式）升堂拜飲，盡歡而別。

**3. 文中虛字所代表的意義**

(1)見孺子「焉」：助詞，表結束語氣。

(2)元伯具「以」白母：介詞，向。

(3) 請設饌以候「之」：他，指范式。

(4) 爾何相信之審「邪」：助詞，表疑問語氣。

(5) 若「然」，當為爾醞酒：代詞，指張劭所說的這件事。

(6) 盡歡「而」別：連詞，然後。

## ◎合作（Cooperation）

小說創作：教師可依據班級特性，將同學分組完成作業。

規則說明：依據本文描述，在忠於原著精神的要求下，重新以白話文創作，採接力賽方式，將〈張劭與范式〉的內容改寫成小說。同學可以不同人稱或不同視角來創作，而非單純翻譯文本。

### ❖作業說明

1. 上述作業，可以由全班同學在課堂上分組完成，亦可回家自行完成創作。
2. 同學可以在黑板上呈現集體創作的成果。集體評比，挑出寫得最好的作品。
3. 小組完成者，在課堂時間討論後，完成以下分工表，再依教師所規定時間內完成並發表。
4. 教師依據分工表之表現作個別表現之參考。

| 小說創作小組分工表 | | |
|---|---|---|
| 職稱 | 姓名 | 工作內容 |
| 組長 | | 監督組員工作進度並統籌發表工作 |
| | | |
| | | |
| | | |
| | | |

5. 教師評分表

| | | |
|---|---|---|
| 創意、精緻度 | 40% | |
| 忠於原著 | 30% | |
| 小組參與度 | 30% | |

## ◎團體（Community）

本文主要在闡述一個守信的故事。在傳統文學中，有很多關於守信的成語或故事，而現代

社會中，也有許多關於守信的感人事例。請同學分組上網搜尋古代及現代中關於守信、誠信的相關例子，並上臺報告。

◈參考答案

古代典籍中與守信相關的故事：

1.《史記・吳太伯世家》

季劄之初使，北過徐君。徐君好季劄劍，口弗敢言。季劄心知之，為使上國，未獻。還至徐，徐君已死，於是乃解其寶劍，系之徐君塚樹而去。從者曰：「徐君已死，尚誰予乎？」季子曰：「不然。始吾心已許之，豈以死倍吾心哉！」

2.《韓非子・外諸說左上》

曾子之妻之市，其子隨之而泣。其母曰：「汝還，顧反為汝殺彘。」妻適市來，曾子欲捕彘殺之，妻止之曰：「特與嬰兒戲耳。」曾子曰：「嬰兒非與戲耳。嬰兒非有知也，待父母而學者也，聽父母之教。今子欺之，是教子欺也。母欺子，子而不信其母，非所以成教也。」遂烹彘也。

3. 《史記・商君列傳》

孝公既用衛鞅，鞅欲變法，恐天下議己。……

以衛鞅為左庶長，卒定變法之令。……

令既具，未布，恐民之不信，已乃立三丈之木於國都市南門，募民有能徙置北門者予十金。民怪之，莫敢徙。複曰「能徙者予五十金」。有一人徙之，輒予五十金，以明不欺。卒下令。

4. 《史記・淮陰侯列傳》

淮陰侯韓信者，淮陰人也。始為布衣時，貧無行，不得推擇為吏，又不能治生商賈，常從人寄食飲，人多厭之者，常數從其下鄉南昌亭長寄食，數月，亭長妻患之，乃晨炊蓐食。食時信往，不為具食。信亦知其意，怒，竟絕去。……

信釣於城下，諸母漂，有一母見信饑，飯信，竟漂數十日。信喜，謂漂母曰：「吾必有以重報母。」母怒曰：「大丈夫不能自食，吾哀王孫而進食，豈望報乎！」……

高祖襲奪齊王軍。漢五年正月，徙齊王信為楚王，都下邳。……

信至國，召所從食漂母，賜千金。

## ◎反思（Comparison）

〈張劭與范式〉雖然是一篇結構簡單的小短文，但是有一些細節是值得我們深入思考、推敲的，在完成下列各題後，讀者可以對這篇文章有更深刻的認識。

**1. 這篇文章的主旨爲何？**

參考答案

強調「守信」。

**2. 文中張劭、范式兩人關係爲何？如果兩人身分不是太學生？有何差異？**

參考答案

兩人均為太學生，是同學。在古代，讀書人屬於管理階層的人，太學生更是未來管理階層的儲備人選，更應該成為一般人的表率。

**3. 文中張母之言，有何作用？**

參考答案

代表一般人對范式承諾的看法，除了強調張劭的信心不容易之外，也對范式的守信作了對

比的效果。

**4. 你認爲這個故事是眞的嗎？請推敲：古人流傳這則故事有何用意？**

參考答案

文中關於姓名、籍貫、事件的細節描述很清楚，應該是真實的。以讀書人的表現，作為典範，教育後學並強調守信的重要。

**5. 本文運用了一些對話，有什麼樣的效果？請說說自己的看法。**

參考答案

在文章中使用對話，可以達到真實、親切的效果，使文章顯得生動活潑而傳神。除此之外，對話的描寫，更可以形塑人物的形象。如第一段，范式對張劭訂約的話，明確指出兩年後將拜訪張劭及其家人，顯示他作事有規劃、待人處事有禮有節的特質。第二段中，張劭母子的對話，更是精彩。表現了張劭對范式言出必行有強烈的信心與堅持。張母作為對照比較的一方，其口吻中，也展現了相信兒子判斷的信心。

## ◎評論（Commentary）

漢，范式，字巨卿，山陽金鄉人也，一名汜，與汝南張劭為友，劭字元伯。

二人並遊太學，後告歸鄉里，式謂元伯曰：「後二年，當還。將過拜尊親，見孺子焉。」乃共克期日。

後期方至，元伯具以白母，請設饌以候之。

母曰：「二年之別，千里結言，爾何相信之審耶！」曰：「巨卿信士，必不乖違。」母曰：「若然，當為爾醞酒。」至期，果到。升堂，拜飲，盡歡而別。

後元伯寢疾，甚篤，同郡郅君章殷子徵晨夜省視之。

元伯臨終，歎曰：「恨不見我死友。」子徵曰：「吾與君章盡心於子，是非死友，復欲誰求？」元伯曰：「若二子者，吾生友耳。山陽范巨卿，所謂死友也。」尋而卒。

式忽夢見元伯，玄冕，垂纓，屣履，而呼曰：「巨卿！吾以某日死，當以爾時葬。永歸黃泉。子未忘我，豈能相及！」式怳然覺悟，悲歎泣下。便服朋友之服，投其葬日，馳往赴之。未及到而喪已發引。既至壙，將窆，而柩不肯進。

其母撫之曰：「元伯！豈有望耶？」遂停柩移時，乃見素車，白馬，號哭而來。其母望之，曰：「是必范巨卿也。」

既至，叩喪，言曰：「行矣元伯！死生異路，永從此辭。」會葬者千人，咸為揮涕。式因執紼而引柩。于是乃前。

式遂留止冢次，為修墳樹，然後乃去。

引自南北朝干寶所著的《搜神記》卷十一

**1. 請簡要說出上述故事。**

參考答案

張劭與范式是太學的同學，也是好友。兩人約好兩年後到張劭家見面，范式果然守信赴約。後來張劭生了重病，因此過世。范式夢見張劭來和他話別，便急忙著喪服動身趕至張家，張劭的靈柩一直等到范式到後才下葬。

**2. 文中的張劭與范式與課文的角色有何不同？**

參考答案

多了一些情節，強調兩人的交情非比尋常，但是人物的性格、特色反而減弱。

**3. 你喜歡哪一則故事的寫法？為什麼？**

參考答案

本題為開放性題目，可以在課堂上討論，只要言之成理即可。

## ◎ 延伸（Continue）

**〈樂羊子之妻〉** 列女傳第七十四（節選）

河南樂羊子之妻者，不知何氏之女也。

羊子嘗行路，得遺金一餅，還以與妻，妻曰：「妾聞志士不飲盜泉之水，廉者不受嗟來之食，況拾遺求利，以汙其行乎！」羊子大慚，乃捐金於野，而遠尋師學。

一年來歸，妻跪問其故。羊子曰：「久行懷思，無它異也。」妻乃引刀趨機而言曰：「此織生自蠶繭，成於機杼，一絲而累，以至於寸，累寸不已，遂成丈匹。今若斷斯織也，則捐失成功，稽廢時日。夫子積學，當日知其所亡，以就懿德。若中道而歸，何異斷斯織乎？」羊子感其言，復還終業，遂七年不反。妻常躬勤養姑，又遠饋羊子。

閱畢上文後，完成下面問題。

**1. 完成下列翻譯：**

參考答案

河南樂羊子的妻子，不知道（是出身於哪個家族）。

有一次樂羊子在路上走時，撿到了一塊金子，（他拿回去給太太看），太太說：「（我聽說有志氣的人，不會喝盜泉的水，有廉恥心的人，不會接受別人施捨的食物），更何況是撿拾路邊別人遺失的財物，（這樣是會辱沒自己的德行的）！」樂羊子聽了覺得十分慚愧，就把撿回來的金子給丟了，到外地去找老師學習去了。

學了一年後，樂羊子有一天回家，他太太跪問他回來的原因。樂羊子說：「（離開太久，想家了，所以回來，沒別的。）」他太太聽了後，就拿一把剪刀走向織布機說：「這匹布從蠶繭開始，到織成布疋，從細絲慢慢累積，好不容易成寸，再慢慢累積成丈。（現在若是把它剪斷了，先前所花的工夫就白費了，徒然浪費時間而已）。你想要學習，就該每天學習自己所不懂的學問，來成就自己。若是學了一半就回來，那跟我現在把還沒織完的布剪斷有什麼差別？」（樂羊子被妻子的話感動了，就回去完成學業），七年沒回家。他的妻子努力持家，侍奉婆婆，還供應在外地讀書的丈夫。

**2. 本文透過樂羊子之妻，告訴我們：學習必須注意什麼重點？**

參考答案

學習必須要持之以恆。

## 重點提問

1. 請說出本文主旨。
2. 請簡要說出本文的故事。
3. 你認為這個故事是真的嗎？古人流傳這則故事有何用意？
4. 本文運用了一些對話，有什麼樣的效果？請說說自己的看法。

（教學設計者：陳恬伶）

# 湖心亭看雪

作者：張岱

## 課文

崇禎五年十二月，余住西湖。大雪三日，湖中人鳥聲俱絕。

是日，更定[1]矣，余拏[2]一小舟，擁毳衣[3]、爐火，獨往湖心亭看雪。霧淞[4]沆碭[5]，天與雲、與山、與水，上下一白。湖上影子，惟長堤一痕、湖心亭一點，與余舟一芥、舟中人兩三粒而已。

到亭上，有兩人鋪氈對坐，一童子燒酒，爐正沸。見余大喜曰：「湖中焉得更有此

---

**注釋：**

①更定：指晚上入更的時間，約八點。

②拏：音ㄋㄚˊ，執持。說文解字：「拏，持也。」

③毳衣：毳，音ㄘㄨㄟˋ，古代王公大夫所穿的毛績衣服。一說，用馬毛製成的僧服。

④霧淞：淞，音ㄙㄨㄥ，天氣寒冷時，水蒸氣凝聚在物體或地面上所形成的白色冰晶。或作「雺淞」。

人！」拉余同飲，余強飲三大白而別。問其姓氏，是金陵人客此。

及下船，舟子喃喃曰：「莫說相公痴，更有痴似相公者。」

⑤沆碭：音ㄏㄤˋ ㄉㄤˋ；沆：寬廣浩大的樣子；碭：大、廣。取「寬廣浩大」之意。

## 總說

〈湖心亭看雪〉一文，一般是九年級生才會學到的一篇小品文，在這之前，學生已經有過在七年級學習〈兒時記趣〉、八年級學習〈記承天夜遊〉等文言小品文的經驗，所以，對這類簡易的文言小品文應該不陌生。

此外，針對明清小品文而言，它有一種特殊的寫作方式，從明朝三袁兄弟的公安派、竟陵派一路發展下來的明清小品文，除了有不沿用典故，清新雅麗不落俗套的用字遣詞風格，著重表達作者自己的情感懷抱而非文以載道的書寫主題，這跟以前所學的唐宋小品文是有很大的不同的。因此，體會作者所要書寫的情懷、賞析文中的寫作手法與用字遣詞的清新脫俗，就成了這篇文章的教學重點了。

## 教學設計

### ◎聯結（Connection）

1. 文與文比較

**〈記承天夜遊〉** 蘇軾

元豐六年十月十二日，夜，解衣欲睡，月色入戶，欣然起行。念無與樂者，遂至承天寺，尋張懷民。懷民亦未寢，相與步於中庭。庭下如積水空明，水中藻荇交橫，蓋竹柏影也。何夜無月？何處無竹柏？但少閑人如吾兩人耳！

請完成〈湖心亭看雪〉與〈記承天夜遊〉二文比較之表格。

## 參考答案

**人**
- 湖：張岱、舟子、金陵客
- 承：蘇軾、張懷民

**事**
- 湖：雪夜遊湖
- 承：因月色訪友

**時**
- 湖：崇禎五年十二月某日更定
- 承：元豐六年十月十二日晚

**地**
- 湖：西湖湖心亭
- 承：承天寺中庭

**物**
- 湖：雪、小船、毳衣、爐火、霧淞、湖心亭（一點）、長堤（一痕）、氈、酒（酒杯）
- 承：衣（蘇軾）、月色、承天寺、竹柏

**所見**
- 湖：雲、山、水上下皆白、一痕、一點、芥、熱情的金陵客二人
- 承：月色入戶、承天寺庭中積水空明、水中藻荇交橫

**所感**
- 湖：痴迷於西湖
- 承：只有閒情，才能享受單純之美

2. 文與詩比較

**〈江雪〉** 柳宗元

千山鳥飛絕，萬徑人蹤滅。
孤舟蓑笠翁，獨釣寒江雪。

請完成〈湖心亭看雪〉和〈江雪〉比較之表格。

**參考答案**

| | 湖心亭看雪 | 江雪 |
|---|---|---|
| 描寫的手法 | 主要使用白描，西湖的奇景和遊湖人的趣味相互映照。 | 主要使用烘托手法，景為人設。 |
| 表達的情感 | 表達了作者清高自賞的感情和淡淡的愁緒。 | 表達了作者懷才不遇的孤獨感。 |

◎**合作**（Cooperation）

教師可依據班級特性，將同學分組完成以下兩種作業：

1. 劇本創作：依據本文描述，將〈湖心亭看雪〉的內容改寫成劇本，本劇本須有旁白、對話、場景描述等相關描寫，並依情節需求而分幕。
2. 白話文改寫：在忠於原著精神的要求下，重新以白話文創作，此番改寫可以不同人稱或不同視角來創作，而非單純翻譯文本。

◎**團體**（Community）

上述兩種作業，可以由全班同學分組挑選，亦可二擇一，在課堂時間討論後，完成以下分工表，再依教師所規定時間內完成並發表。

教師依據分工表之表現作個別表現之參考。

劇本創作（白話文改寫）小組分工表

| 職稱 | 姓名 | 工作內容 |
| --- | --- | --- |
| 組長 | | 監督組員工作進度並統籌發表工作 |
| | | |
| | | |
| | | |
| | | |

教師評分表

| | | |
| --- | --- | --- |
| 創意、精緻度 | 40% | |
| 忠於原著 | 30% | |
| 小組參與度 | 30% | |

## ◎反思（Comparison）

教師在帶領同學欣賞文本時，最不能放過「痴」這個字在這篇文章中的作用與重要性。張岱在文中表現的「痴」，除了是在大雪三日後的西湖，湖與山與水上下一白、人鳥聲俱絕的夜晚，還不懼寒冷，外出遊湖的「痴」之外；還要探究一個問題：張岱在湖心亭中遇到金陵客二人，熱情的金陵客請張岱喝酒，而張岱的反應是：「余強飲三大白而別」，這「強飲」是意味著張岱什麼樣的心情？如果我們仔細深思，應該會發現，絕非如一般常見的賞析所言：張岱巧遇知音的喜悅，筆者認為應該是張岱想與西湖獨處，進而內心對話，思索自己日後方向的私密時刻被人意外破壞的懊惱與無奈。

張岱是一位充滿名士氣息的世家子弟，也是名副其實的大玩家。在他的〈自為墓誌銘〉曾如此說道：「少為紈袴子弟，極愛繁華。好精舍，好美婢，好孌童，好鮮衣，好美食，好駿馬，好華燈，好煙火，好梨園，好鼓吹，好古董，好花鳥，兼以茶淫桔虐，書蠹詩魔！」明亡後，年過五十的張岱還歸龍山，以遺民自居，「繁華靡麗，過眼皆空，五十年來，總成一夢。」找茶、配泉、玩燈、放燈、習琴、鬥雞、吟詩、吃蟹、賞雪、狩獵、養戲班……，從前紈褲子弟與知識分子在歷史巨變下面對國破家亡的悲憤與無奈，張岱以寫作來應對。

張岱是公認的明代散文大作家，其傳世名著有《陶庵夢憶》、《西湖夢尋》等，堪稱晚明小品文的出色傑作。清兵入關後，他的杭州別墅、紹興家園，以及豐富的書畫古玩收藏，全數

毀於戰火。他帶著倖存的家人逸隱於紹興龍山，以農為生，力修明史，至八十八歲方成，是為《石匱書》，書成後不久即亡故。

張岱不僅是史家，也是熱愛歷史的文人。在我們欣賞完〈湖心亭看雪〉後，比較作者的成書時間與歷史背景，更可以深刻體認出作者對西湖的「痴」，以及對「痴」這個文眼該怎麼介紹，有了更深入的想法。

**※思考：**

1. **作者寫作此文時，清朝已建立二、三十年，但作者仍採用明朝的年號，你能說出其中有何深意嗎？**

參考答案

崇禎是明思宗朱由檢的年號，作者在文章中仍採用故國的年號，表現出自己懷念故國的深情。

2. **張岱的「痴」體現在哪裡？**（用原句回答）

參考答案

大雪三日，湖中人鳥聲俱絕。是日更定，余拏一小船，擁毳衣爐火，獨往湖心亭看雪。

**3. 居然在這樣天寒地凍的晚上，獨自一人去看雪，從他的行爲中看出他什麼性格？**

參考答案

清高孤傲。

**4.「獨往湖心亭看雪」與「舟中人兩三粒而已」之間是否矛盾？「獨」到底怎麼理解？**

參考答案

「獨」字是指張岱內心很孤獨，而不是獨自一人的意思。舟子不理解他的心，不知心的人就好像不存在似的。這裡不矛盾。這個「獨」字更顯出他的清高、孤傲。

## ◎評論（Commentary）

本文是一篇明清小品文的代表作。要學習欣賞明清小品文的優美，首先要了解其寫作的特點。

明清小品文特點如下：

一、**就寫作主題而言，主題、景色只取其一，全力描寫。**

二、**就寫作技巧而言，文字精簡、清麗流暢、言簡意賅。**

三、**就情感表現而言，情趣盎然，注重個人心靈抒發。**

在了解明清小品文的特點之後，為了讓同學有更深入的理解，我們來完成以下作業。

作業一、請就「寫作主題」、「寫作技巧」、「情感表現」分析〈湖心亭看雪〉一文。

❖參考答案

| | 湖心亭看雪 |
|---|---|
| 寫作主題 | 雪夜西湖 |
| 寫作技巧 | 白描寫景 |
| 情感表現 | 在冰天雪地、萬籟無聲的森然寒意中，作者獨抱冰雪之操守和孤高自賞的情調到湖心亭賞雪 |

作業二、回答下列問題：

**1. 請找出文中有關景物描寫的句子？**

❖參考答案

霧凇沆碭，天與雲、與山、與水，上下一白。湖上影子，惟長堤一痕、湖心亭一點、與余舟一芥、舟中人兩三粒而已。

**2. 這些景物描寫是否運用了大量的形容詞加以修飾？有什麼特點？**

參考答案

沒有。這種文字簡練樸素、不加渲染的寫作手法就是白描。

作業三、比較下列語句，試判斷哪些運用了白描？

(A)枯藤老樹昏鴉，小橋流水人家，古道西風瘦馬。夕陽西下，斷腸人在天涯。（馬致遠〈天淨沙・秋思〉）

(B)畢竟西湖六月中，風光不與四時同。接天蓮葉無窮碧，映日荷花別樣紅。（楊萬里〈曉出淨慈寺送林子方〉）

(C)桃樹、杏樹、梨樹，你不讓我，我不讓你，都開滿了花趕趟兒。（朱自清〈春〉）

(D)他用兩手攀著上面，兩腳再向上縮，他肥胖的身子向左微傾。（朱自清〈背影〉）

參考答案

(A)、(D)。

解析：(B)在後兩句中加了誇飾；(C)則是多使用了擬人修辭。

## ◎延伸（Continue）

我們來看張岱另一篇描寫西湖的文章，並試著為兩文作比較。

### 〈西湖七月半〉（節選）

張岱

吾輩始[1]艤舟近岸。斷橋石磴始涼，席其上，呼客縱飲。此時，月如鏡新磨，山復整妝，湖復頮面[2]，向之淺斟低唱者出，匿影樹下者亦出，吾輩往通聲氣，拉與同座。韻友[3]來，名妓至，杯箸安，竹肉[4]發。月色蒼涼，東方將白，客方散去。吾輩縱舟，酣睡於十里荷花之中，香氣拍人，清夢甚愜。

---

**注釋：**

①艤（ㄧˇ）舟：將船向岸邊靠攏。

②頮（ㄏㄨㄟˋ）面：洗臉。

③韻友：風雅的朋友。

④竹肉：竹，指簫、笛等竹製管樂器；肉，歌喉。

閱畢上文後，完成下列問題：

1. 找出文中描寫盛夏西湖月夜美景的句子。
2. 試從某一方面將這兩篇短文比較異同。

參考答案

1. 此時，月如鏡新磨，山復整妝，湖復頮面，這些句子運用了「譬喻」、「擬人」的修辭手法。
2. 可以從內容、寫作手法中擇一比較，只要言之成理即可。

## 重點提問

**1. 你認爲本文有沒有文眼？如果有，是哪一個字？**

參考答案

「痴」字為本文文眼，從雪夜遊湖的動機、對西湖雪景的細膩描繪、與金陵客的互動，都在寫張岱對西湖的喜好與深情，作者以「痴」字表示這份深意。

**2. 你認爲張岱爲什麼要在大雪三日後的情境下，雪夜遊湖？**

❖參考答案

大雪三日之後，天冷路難行，應該是沒什麼人會去西湖賞雪，此時遊湖才不會有遊客、閒雜人等干擾，加上刻意挑選夜晚遊湖，更是為了確保自己能享受一段與西湖對話的寧靜時刻。

**3. 你認爲張岱在亭中遇到金陵客的心情如何？**

❖參考答案

本想一人靜靜賞雪，卻意外被人打攪的掃興；沒想到竟有同好知音的喜悅等。

**4. 你看過哪些明清小品文？他們的寫作風格與本文有哪些相似之處？**

❖參考答案

本題為開放性問題，答案不一，可在課堂上討論。

（教學設計者：陳恬伶）

# 張釋之執法

作者：司馬遷

## 課文

釋之為廷尉。上行出中渭橋，有一人從橋下走出，乘輿馬驚。於是使騎捕，屬之廷尉。釋之治問。曰：「縣人來，聞蹕，匿橋下。久之，以為行已過，即出，見乘輿車騎即走耳。」廷尉奏當，一人犯蹕，當罰金。文帝怒曰：「此人親驚吾馬，吾馬賴柔和，令他馬，固不敗傷我乎？而廷尉乃當之罰金。」釋之曰：「法者，天子所與天下公共也。今法如此而更重之，是法不信於民也。且方其時，上使立誅之則已。今既下廷尉，廷尉，天下之平也，一傾而天下用法皆為輕重，民安所措其手足？唯陛下察之。」良久，上曰：「廷尉當是也。」

## 總說

本文藉實例案件的審理過程，詮釋專制制度下法律存在的意義與價值。執法者張釋之的守正不阿，漢文帝捨棄權威、尊重法律的精神，皆值得我們學習。

本文屬於傳記體的記敘文，敘述客觀、忠實，全文依照「事由、經過、結果」的順序編寫，作者適當運用關鍵性的對話，把審問、呈奏的實情簡要報導出來，全文藉「對話」表現主旨，主角人物語氣各有不同：犯人語句短促，惶恐緊張；文帝充滿權威口吻，表達情緒不滿；張釋之從容不迫，理直氣壯。將人物性格特色充分刻劃出來。

文章點名法律須以誠信為本，執法必須毋枉毋縱，才能取信於民。在語氣上顯現出張釋之義正詞嚴、據理力爭的形象。

司馬遷在文中使用反詰、祈使句作結的手法，看似將權柄交給漢文帝，實則和緩、抑止前述爭辯，回歸冷靜處理案件的原則，不但表現出對文帝的尊重，更將是非曲直全盤托出，表現得不卑不亢恰如其分。

而文帝裁決「廷尉當是也」。也顯現出文帝察納忠言的雅量，文末藉文帝的一句肯定總收全文。

## 教學設計

### ◎ 合作（Cooperation）

請同學分組討論說出判決的順序及廷尉抗辯，並完成下表。

| 介紹主角 | 釋之為廷尉 | 動作 |
|---|---|---|
| 犯案過程 | 1. 上行，出中渭橋 | 犯案地點 |
| | 2. 有一人從橋下走出 | 犯案行為 |
| | 3. 乘輿馬驚 | 犯案結果 |
| 辦案經過 | 1. 於是使騎捕 | 捉拿犯人 |
| | 2. 屬之廷尉 | 交付審理 |
| | 3. 釋之治問 | 審理案情 |
| | 4. 曰：「縣人來……見乘輿車騎即走耳」 | 犯人陳述 |
| 依法判決 | 廷尉奏當：「一人犯蹕，當罰金」 | |
| 原告抗議 | 文帝怒曰：「此人親驚吾馬……而廷尉乃當之罰金」 | |

| 介紹主角 | 釋之為廷尉 | 動作 |
| --- | --- | --- |
| 廷尉反駁 | 1. 法者，天子所與天下公共也 | 反駁原則 |
| | 2. 今法如此而更重之，是法不信於民也 | 違法結果 |
| | 3. 且方其時，上使立誅之則已 | |
| | 4. 今既下廷尉……民安所措其手足 | 違法結果 |
| | 5. 唯陛下察之 | |
| 敘述結果 | 良久，上曰：「廷尉當是也」 | |

## ◎ 聯結（Connection）

**1. 簡述張釋之如何說服文帝的三個重點。請同學做「摘要」並填上答案。**

參考答案

**重點一**
- 法者，天子所與天下公共也。
- 說明：彰顯法的公平性，主張法權重於皇權

**重點二**
- 今法如此而更重之，是法不信於民也。
- 說明：判決不能依主觀假設，必須依最後事實

**重點三**
- 廷尉，天下之平也，一傾而天下用法皆為輕重，民安所措其手足。
- 說明：廷尉依法辦案，用刑輕重不能著重政治的考量（應考慮人民的觀感）

**2. 簡述皇帝在整個事件中，從事件發生到審案結束，心理情緒所發生的變化過程。**

❖參考答案

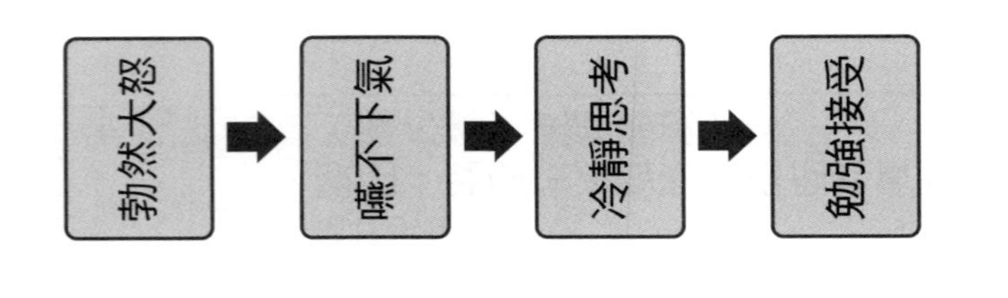


## ◎ 團體（Community）

**1. 找詞語**

文言文中常省略主語，請同學分組討論找出主語或受詞（文帝、犯人、張釋之），並在方框內填上答案或圈出該句主語或受詞。

## 原文：

釋之為廷尉。

上行出中渭橋，有一人從橋下走出，乘輿馬驚。於是使騎捕，屬之廷尉。釋之治問。曰：「縣人來，聞蹕，匿橋下。久之，以為行已過，即出，見乘輿車騎即走耳。」廷尉奏當，一人犯蹕，當罰金。文帝怒曰：「此人親驚吾馬；吾馬賴柔和，令他馬，固不敗傷我乎？而廷尉乃當之罰金。」釋之曰：「法者，天子所與天下公共也。今法如此而更重之，是法不信於民也。且方其時，上使立誅之則已。今既下廷尉，廷尉，天下之平也，一傾而天下用法皆為輕重，民安所措其手足？唯陛下察之。」

良久，上曰：「廷尉當是也。」

❀參考答案

[釋之]為廷尉。[上行]出中渭橋，[有一人]從橋下走出，[　]乘輿馬驚。[　]於是使騎捕[　]，屬之廷尉。釋之治問。[　]曰：「[縣人]來，[　]聞蹕，[　]匿橋下。久之，[　]以為[　]行已過，[　]即出，[　]見乘輿車騎即走耳。」廷尉奏[　]當，[一人]犯蹕，當罰金。文帝怒曰：「此人親驚吾馬，吾馬賴柔和，令他馬，固不敗傷我乎？而[廷尉]乃當之罰金。」釋之曰：「[法]者，天子所與天下公共也。今法如此而更重之，是法不信於民也。且方其時，[上]使立誅之則已。今既下廷尉，[廷尉]，天下之平也，一傾而天下用法皆為輕重，民安所措其手足？唯陛下察之。」

[　]良久，[上]曰：「廷尉當是也。」

**2. 判案線索大解析**

試還原案發現場，對照縣人陳述經過（供詞），將實際案發經過還原寫出並推論張釋之審案地點？

參考答案

縣人來↓聞蹕↓匿橋下↓久之↓以為行已過↓即從橋下走出↓見乘輿車騎↓因而使（乘輿車騎）馬驚↓於是使騎捕↓屬之廷尉↓釋之治問

請將認定的審案地點勾選出來

□中渭橋　□法庭　□大殿　□其他地方

**3. 簡述張釋之執法一文，「縣人犯蹕」這個事件，有關敘事的五個要素。**

參考答案

| 項目 | 內容 |
|---|---|
| 人 | 文帝、縣人、侍衛 |
| 事 | 縣人犯蹕，驚嚇皇帝座騎 |
| 時 | 文帝出巡經過中渭橋時 |
| 地 | 中渭橋 |
| 物 | 馬（皇帝座騎） |

## ◎ 評論（Commentary）

簡述皇帝聽到張釋之判案後，皇帝不滿意張釋之判決的地方。

❖參考答案

文帝認為判決太輕，因為不僅嚇到我的馬，還因此使我生命受到威脅，這樣判決太輕了。

## ◎ 反思（Comparison）

**1. 比較縣人及文帝對「聞蹕驚馬」這個事件的觀點。**

❖參考答案

| 角色／觀點 | 內容 | 觀點解說 |
| --- | --- | --- |
| 被告（縣人） | 縣人來，聞蹕，匿橋下。久之，以為行已過，即出，見乘輿車騎即走耳。 | (1) 縣人聽到蹕聲馬上躲到橋下（有立即迴避）<br>(2) 接著又等了很久，以為交通管制結束才出來（管制恐過長）<br>(3) 一出來就碰上皇帝座車（純屬巧合）<br>(4) 見皇帝座車立刻躲避（不是有意逃離現場） |

| 角色／觀點 | 內容 | 觀點解說 |
|---|---|---|
| 原告（文帝） | 此人親驚吾馬；吾馬賴柔和，令他馬，固不敗傷我乎？ | (1)縣人有驚嚇我座騎的事實<br>(2)是我的馬訓練有素，不然我一定會受傷<br>(3)必須從驚嚇事實判決<br>(4)不可從我沒受傷判決 |

**2. 討論文帝觀點有哪些部分不合人情？**

❁參考答案

| 觀點一 | 犯人從他縣市來並不清楚當地情況，所謂不知者無罪，故不應判重刑。 |
|---|---|
| 觀點二 | 審案過程未讓犯人準備充裕時間。 |

## ◎延伸（Continue）

「彈劾太子」

張釋之任公車令時，有一次太子（漢景帝）與梁王劉武一起搭車上朝，經過司馬門卻不下車，這樣的行為違反當時法令（當時規定「凡要出入殿門、公車司馬門者，不論身分皆需下馬車，不遵守者，判罰金四兩」）。這件事張釋之向皇上報告他的判決。漢文帝反而感謝張釋之，因為這件事讓漢文帝反思自己教子不嚴謹的地方。

「高廟玉環失竊案」

高廟（即祭祀劉邦的廟）座前玉環失竊，張釋之受理此案件，依法判決。文帝卻大怒，認為應行連坐法（誅連九族）。釋之認為：「盜竊高祖廟前的玉環就要判誅連九族，那麼要是後來有人盜竊高祖的陵墓，那要怎麼審判？」文帝聽完張釋之的陳述也認為有道理，便接受他的判斷。

以上兩件事與課文中的犯蹕事件都透露出張釋之是怎樣的一個人？共同點是什麼？

❖參考答案

張釋之是一位能堅守自己原則、有主見、剛正不阿的人。

## 重點提問

1. 文末文帝對於廷尉的判決有什麼反應？
2. 全文中說明文帝的表現爲何？

參考答案

文帝本來對廷尉的判決不滿意，因為那人差點害他受傷，但聽廷尉講解後，同意廷尉所說，沒重罰他。

3. 分析全文中廷尉每個階段的表現如何？

參考答案

觀察仔細、口才過人並說服文帝。

4. 良久，上曰：「廷尉當是也。」請從這個「良久」一詞試揣測文帝這段時間在想些什麼？
5. 本文縣人「犯蹕」，在現今法律是觸犯何種罪？

❖參考答案

違反交通規則。

**6. 文中，強調「法者，天子所與天下公共也」的觀念，卻是在古代皇權時代，而在現今民主時代仍存有許多特權現象。請舉例。（可上網搜尋資料）**

**7. 張釋之執法的主要依據是什麼？文中「且方其時，上使立誅之」，若在現今的法律之中是否恰當？**

❖參考答案

(1)主要依據：以法律為第一標準。

(2)不恰當，因其違反民主自由的概念，司法應獨立。

**8. 從文中可以看出張釋之的哪些主張？**

❖參考答案

主張「天子犯法與庶民同罪」。

9. 請同學討論張釋之對「法」的見解以及在今天社會大家對法的看法。

10. 〈張釋之執法〉中張釋之說服皇帝，執法成功，爲什麼？

# 附錄

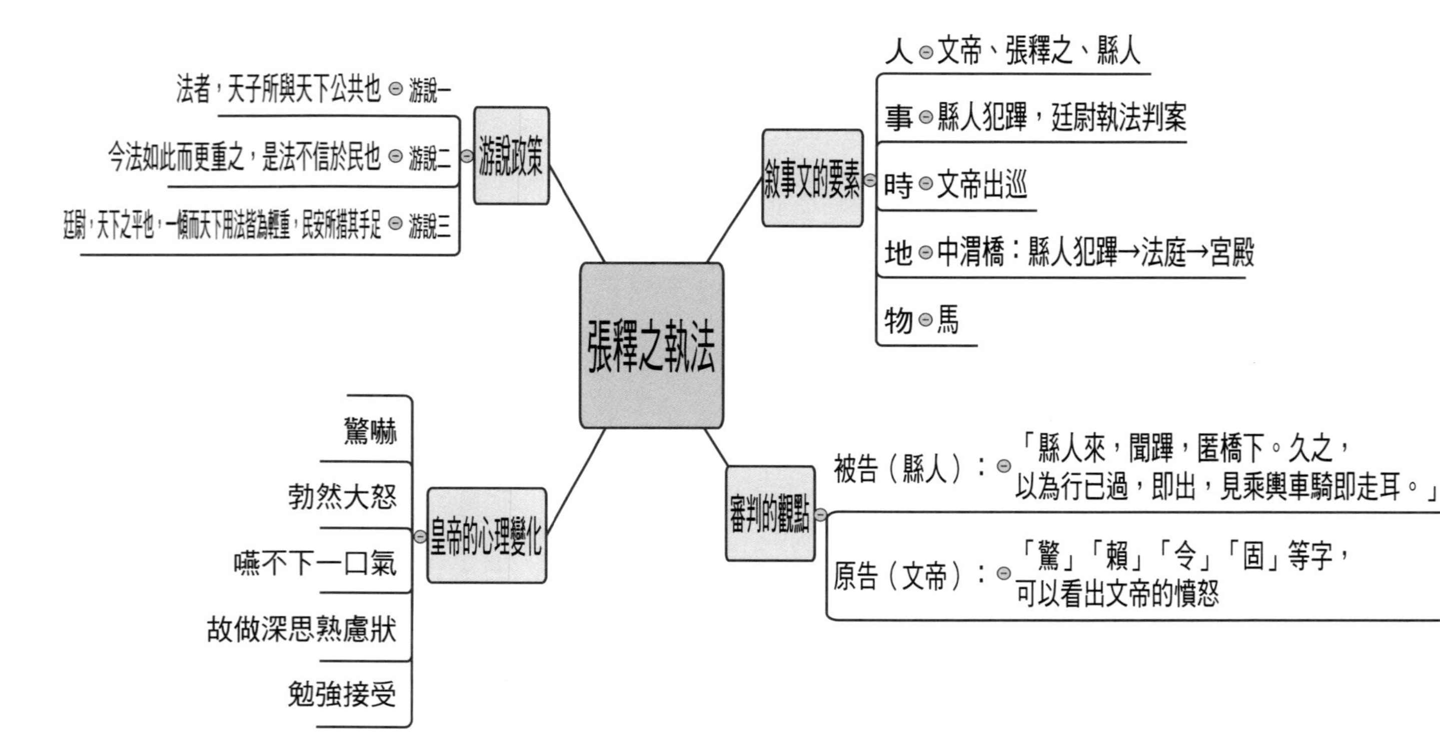
張釋之執法
游說政策
法者，天子所與天下公共也 游說一
今法如此而更重之，是法不信於民也 游說二
廷尉，天下之平也，一傾而天下用法皆為輕重，民安所措其手足 游說三
敘事文的要素
人 文帝、張釋之、縣人
事 縣人犯蹕，廷尉執法判案
時 文帝出巡
地 中渭橋：縣人犯蹕→法庭→宮殿
物 馬
皇帝的心理變化
驚嚇
勃然大怒
嚥不下一口氣
故做深思熟慮狀
勉強接受
審判的觀點
被告（縣人）：「縣人來，聞蹕，匿橋下。久之，以為行已過，即出，見乘輿車騎即走耳。」
原告（文帝）：「驚」「賴」「令」「固」等字，可以看出文帝的憤怒

（教學設計者：葉書廷）

# 雨錢

作者：蒲松齡

## 課文

濱州一秀才，讀書齋中。有款門者，啟視，則皤然一翁，形貌甚古。延之入，請問姓氏。翁自言：「養真，姓胡，實乃狐仙。慕君高雅，願共晨夕。」秀才故曠達，亦不為怪。遂與評駁今古。翁殊博洽，鏤花雕繢，粲於牙齒；時抽經義，則名理湛深，尤覺非意所及。秀才驚服，留之甚久。

一日，密祈翁曰：「君愛我良厚。顧我貧若此，君但一舉手，金錢宜可立致。何不小周給？」翁嘿然，似不以為可。少間，笑曰：「此大易事。但須得十數錢作母。」秀才如其請。翁乃與共入密室中，禹步作咒。俄頃，錢有數十百萬，從梁間鏘鏘而下，勢如驟雨。轉瞬沒膝；拔足而立，又沒踝。廣丈之舍，約深三四尺已來。乃顧語秀才：「頗厭君意否？」曰：「足矣。」翁一揮，錢即畫然而止。乃相與扃戶出。秀才竊喜，自謂暴富。頃之，入室取用，則滿室阿堵物，皆為烏有，惟母錢十餘

枚，寥寥尚在。

秀才失望，盛氣向翁，頗懟其誑。翁怒曰：「我本與君文字交，不謀與君作賊！便如秀才意，只合尋梁上君交好得，老夫不能承命！」遂拂衣去。

## 總說

「鬼狐仙怪」是《聊齋志異》經常可見的題材，〈雨錢〉一文中打破了一般人對狐仙的刻板印象——狡猾奸詐。反而是書生形象大逆轉、貪婪又不知足。書生一開始還能保有傳統讀書人的形象，使狐仙因仰慕書生的高雅，而願與書生「評騭今古」「並共晨夕」。

然而書生卻利用了自己與狐仙的「友誼」，表露了人性的貪婪，想利用狐仙的法術一夜暴富。整個過程，是書生先起貪念騙了狐仙，最後卻反怪被狐仙捉弄，落得狐仙痛斥他只配與竊賊為伍。

蒲松齡透過「雨錢」的情節敘寫，把人的貪婪形象鮮明的刻劃出來。篇末更藉著狐仙的指責，形塑秀才的表裡不一，老翁反而是有原則、始終如一的（狐），形成強烈的反差。儘管故事簡單，內容卻值得我們深思。

整個故事，以有別於傳統書生、狐仙形象，製造反差，以達到「突顯主題、諷刺嘲弄」的效果。

蒲松齡在科場失意，生活貧困，飽嘗人世的艱辛。這使他更清楚社會的種種弊端，因為生活貼近一般百姓，便自然而然的體察他們的疾苦。他的作品透過人鬼怪異、花妖狐魅等神奇魔幻故事，把魏晉志怪小說與唐宋傳奇的傳統既定思維繫連起來，寄託了作者心中的不平與憤恨。

他運用傳奇手法寫志怪小說，描繪細膩，創造出鮮明深刻的動人形象。儘管故事多數超乎生活真實，卻充滿著浪漫氣息的氛圍，又往往能夠影射事實，反映人生百態，寓意深遠。

## 教學設計

### ◎聯結（Connection）

整理故事中人物的形象：想一想故事中有哪些人物？並將文本中描述秀才形象的句子，用紅筆畫線，描寫狐仙形象的句子則用藍筆畫線。

### ◎合作（Cooperation）

1. 學生分組討論，透過對文本的分析解讀，依外型、說話、動作，型塑小說人物書生及狐仙的形象，並整理第一段故事中人物的形象，填入下列表格：

| 人物 | 身分 | 人物形象 |
| --- | --- | --- |
| 書生 | | |
| 老翁 | | |

❈參考答案

| 人物 | 身分 | 人物形象 |
| --- | --- | --- |
| 書生 | 秀才 | 高雅有禮 |
| 老翁 | 狐仙 | 皤然一翁、形貌甚古、真誠坦率 |

2. 依故事情節發展以八格漫畫畫出整個故事。

◎**團體**（Community）

請同學兩兩一組分組討論，根據文本比較〈雨錢〉前後，秀才對老翁的態度有哪些不同？

❖參考答案

| 〈雨錢〉前 | 〈雨錢〉後 |
|---|---|
| 密祈<br>何不小周給 | 盛氣向翁<br>頗懟其誑 |
| 恭敬、小心翼翼、有點不好意思、客氣 | 生氣、憤怒、沒有禮貌、破口大罵 |

## ◎評論（Commentary）

我們常用露出「狐狸尾巴」比喻壞人的本來面目。在故事中本該是狐狸露出了尾巴，但最後反而是秀才露出貪婪之心，請同學分組討論作者這樣的安排目的是什麼？

❖參考答案

作者藉秀才揭露讀書人以「讀書」為手段，實則貪婪重利、虛有其表的醜陋面目。

## ◎反思（Comparison）

在第三段中，作者安排戲劇性「雨錢」的幻象，你從中體會到什麼道理？

## 參考答案

| 文句 | 啓示 |
| --- | --- |
| 翁嘿然，似不以為可。少間，笑曰：「此大易事。但須得十數錢作母。」 | 任何事想要不勞而獲是不可行的，都是要「母錢」的。 |
| 俄頃，錢有數十百萬，從梁間鏘鏘而下，勢如驟雨。轉瞬沒膝；拔足而立，又沒踝。廣丈之舍，約深三四尺已來。乃顧語秀才：「頗厭君意否？」曰：「足矣。」翁一揮，錢即畫然而止。乃相與扃戶出。秀才竊喜，自謂暴富。頃之，入室取用，則滿室阿堵物，皆為烏有，惟母錢十餘枚，寥寥尚在。 | 1. 再多的錢都是虛幻的，可靠的是自己的「母錢」——根本。<br>2. 是你的還是你的，不是你的無論如何也強求不來。 |

## ◎延伸（Continue）

比較〈雨錢〉與〈大鼠〉的情節的異同。

### 〈大鼠〉

萬曆間，宮中有鼠，大與貓等，為害甚劇。民間佳貓捕制之，輒被噉食。適異國來貢獅貓，毛白如雪。抱投鼠屋，闔其扉，潛窺之。貓蹲良久，鼠逡巡自穴中出，見貓，怒奔之。貓避登几上，鼠亦登，貓則躍下。如此往復，不啻百次。

眾咸謂貓怯，以為是無能為者。既而鼠跳擲漸遲，碩腹似喘，蹲地上少休。貓即疾下，爪掬頂毛，口齕首領，輾轉爭持，貓聲嗚嗚，鼠聲啾啾。啟扉急視，則鼠首已嚼碎矣。然後知貓之避，非怯也，待其惰也。「彼出則歸，彼歸則復」，用此智耳。噫！匹夫按劍，何異鼠乎！

## 參考答案

| | 時間 | 地點 | 原因 | 過程 | 評論 |
|---|---|---|---|---|---|
| 大鼠 | 萬曆間 | 宮中 | 大鼠為害甚劇 | 1. 獅貓潛窺鼠屋<br>2. 鼠因見獅貓怒奔，貓、鼠因而相互追逐<br>3. 獅貓以逸待勞等大鼠疲弱<br>4. 一舉擒獲 | 獅貓運用其智慧，以『智』取得勝利 |
| 雨錢 | 清朝 | 書生家中 | 書生因結識狐仙後而起貪婪之心，友誼也因此發生變化 | 1. 秀才：讀書齋中<br>2. 秀才：延之入<br>3. 老翁說明願交友的動機<br>4. 交往後書生產生貪念，二人友誼產生變化<br>5. 書生祈財狐仙雨錢<br>6. 狐仙與書生友誼絕裂<br>7. 狐仙拂袖而去 | 作者安排秀才形象改變的原因是藉秀才揭露讀書人以「讀書」為手段，實則貪婪重利、虛有其表的醜陋面目，並藉此表現作者認為一個讀書人應有的風範及表裡一致的行為 |

## 重點提問

**1. 想一想狐仙要與秀才交往的原因是什麼？**

參考答案

慕君高雅。

**2. 秀才與老翁兩人「共晨夕」生活是什麼？**

參考答案

評駁今古。

**3. 狐仙讓秀才「驚服」的原因是什麼？**

參考答案

翁殊博洽，鏤花雕繢，粲於牙齒；時抽經義，則名理湛深，尤覺非意所及。

**4. 秀才與狐仙友誼產生變化的主要事件是什麼？**

參考答案

秀才祈財。

**5. 你認爲老翁爲何只留下母錢？蒲松齡這樣描寫是想要表達什麼想法？**

參考答案

是你的還是你的，不是你的無論如何也強求不來。

**6. 秀才祈狐仙「小周給」時，狐仙先「嘿然」後又「笑」而答應。想一想狐仙「嘿然」、「笑」的理由是什麼？**

參考答案

(1)「似不以為可」，狐仙認為這樣做不恰當。

(2)狐仙突然看清秀才原來是利欲薰心之徒，「笑」是表示狐仙想好戲弄秀才的方法。

**7. 你認爲老翁具有怎樣的人格特質呢？**

參考答案

從狐仙與秀才對答（鏤花雕繢、粲於牙齒、時抽經義），及後段則由對秀才的斥責（我本與君文字交，不謀與君作賊！便如秀才意，只合尋梁上君交好得）看出他是博學多聞、品德高尚的人。

**8. 文本中說的「文字交」是指朋友間的何種交情？**

參考答案

以詩文相交的朋友。

**9. 狐仙認爲「賊」的意涵是什麼？**

參考答案

不勞而獲的心態。

（教學設計者：葉書廷）

# 王藍田食雞子

作者：《世說新語》

## 課文

王藍田性急。嘗食雞子，以筯刺之，不得，便大怒，舉以擲地。雞子於地圓轉未止，仍下地以屐齒蹍之，又不得。瞋甚，復於地取內口中，齧破即吐之。王右軍聞而大笑，曰：「使安期有此性，猶當無一毫可論，況藍田邪？」

## 總說

《世說新語》是筆記小說的名著，由南朝宋劉義慶招集文士編輯成書。內容主要記載東漢到東晉間名人在道德修養、才能稟賦上的各項風貌，而不同人物的情感特色及人際互動關係，更可從中一窺梗概。《世說新語》善用對話、事件或對比的關係來凸顯人物性格，筆墨精簡生動，人物躍然紙上。

而單就〈王藍田食雞子〉一文來看，除了傳統定義上的筆記小說外，根據它的內容及篇幅，和現今的極短篇小說似乎也有可以相互聯結的部分。極短篇小說亦稱為小小說、微型小說等，具有篇幅短、情節單一、重點刻劃一個或兩個人物、敘述節奏快等特性（呂植家《微型小說的雕龍藝術》），而這些特性正是〈王藍田食雞子〉一文的特性，因此在文本閱讀上，可以有不同的聯結和觸發。

本課教學重點將著重於小說敘事結構的分析和討論，並聯結極短篇小說的概念，讓同學透過分組討論及反思活動中，對文本有不同的閱讀視角。

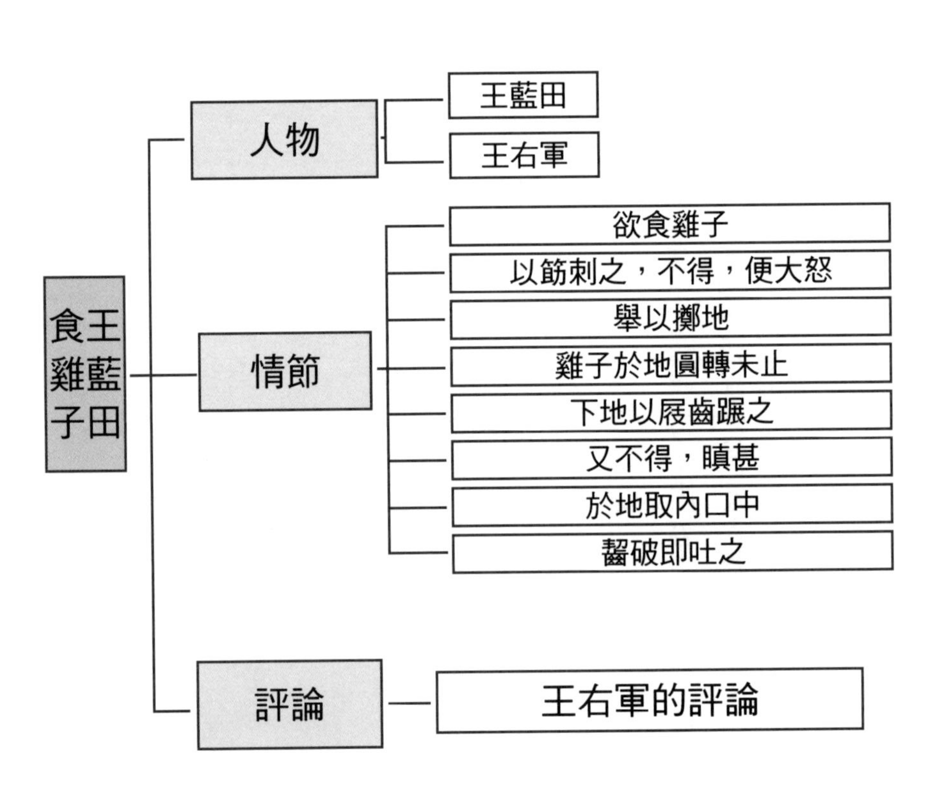

## 教學設計

### ◎聯結（Connection）

聯結「敘事結構」心智圖的繪製。依據本文的人物、情節、評論等繪製，可以掌握此文結構特色。

### ◎合作（Cooperation）

請學生透過分組討論，合作翻譯出此篇故事。並請各組發表翻譯成果，比較各組翻譯的差異處。分組人數可以三~四人為原則，提醒學生要注意的翻譯原則：

1. 翻譯時可搭配注釋及上下文語意，或加入當代的鮮活語言。
2. 翻譯時可以通俗、活潑，但不可出現粗俗的文句。

### ◎團體（Community）

請學生先分組蒐集《世說新語》中其他提到「王藍田」的篇章，並製成書面或簡報方式上臺分享。每組需依照小組分工記錄表分工記錄下討論的過程，上臺報告以五~十分鐘為限，並試著透過群體討論歸納出「王藍田」是否真的符合「性急」的人物形象。

## ❋參考答案

1. 小組分工記錄表（舉例說明）

| 組員 | 負責工作 | 工作記錄 | 討論日期 |
|---|---|---|---|
| 林小貞 | 組長、製作書面資料 | | |
| 陳小彥 | 搜尋網路資料 | | |
| 張大方 | 搜尋書面資料 | | |
| 李大樹 | 上臺報告 | | |

2. 《世說新語》中有關「王藍田」的篇章：

(1)〈賞譽〉第六十二條：王藍田為人晚成，時人乃謂之痴。王丞相以其東海子，辟為掾。常集聚，王公每發言，眾人競贊之。述於末坐曰：「主非堯、舜，何得事事皆是？」丞相甚相嘆賞。

(2)〈賞譽〉第七十八條：謝公稱藍田：「掇皮皆真。」

(3)〈忿狷〉第五條：謝無奕性麤彊。以事不相得，自往數王藍田，肆言極罵。王正色面壁不敢動，半日。謝去良久，轉頭問左右小吏曰：「去未？」答云：「已去。」然後復坐。時人嘆其性急而能有所容。

## ◎評論（Commentary）

《世說新語》故事中，透過人物言行舉止可塑造出生動的人物性格，而此篇在描述王藍田食雞子一事上，透過短促的動作文字敘述，除了讓王藍田氣急敗壞而瞠目怒視的形象更具體，也回應文章一開始「性急」的描述。教師可讓學生發表針對這一連串的舉動，他們對王藍田所下的個人評論。

（教師須引導學生在發表評論時，能具體從文本敘述中，提出自己的看法來佐證。）

但，透過同學蒐集其他王藍田的相關故事敘述，王藍田真的是屬於「無一毫可論」的人嗎？

（教師可引導學生思考，為何同一個人物在同一本書中，卻有不同評論的原因。是否與其為劉義慶召集文人所編有關？）

## ◎反思（Comparison）

**※活動一：「王藍田就在你身邊」**

透過閱讀文章，請學生試著思考並回答下列問題：

1. 當王藍田在食雞子時，出現了許多令人覺得有趣、可笑的行為，而我們自己在日常生活中是否有類似的情形發生？
2. 承上題，我們要如何避免這樣「性急」而出現的「可笑」行為呢？
3. 分享身邊是否有人會出現類似「性急」的舉動。
4. 自我思考，我們對於一些事的反應會不會也是另一種「性急」的表現？

**※活動二：「當性急哥遇上淡定哥」**

本篇小說中的王藍田是「性急哥」的代表，如果當古代的「性急哥」碰上現代的「淡定哥」，兩個人會激起什麼有趣的火花呢？請試著依照兩種性格的不同，給予適合的對話。

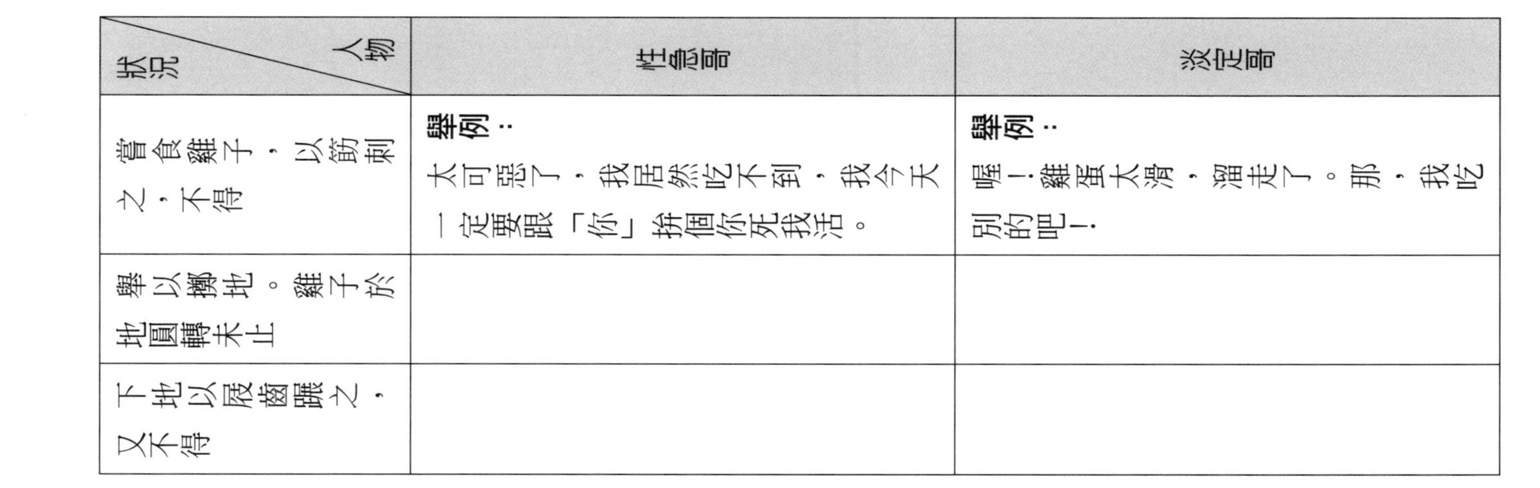

| 狀況＼人物 | 性急哥 | 淡定哥 |
| --- | --- | --- |
| 嘗食雞子，以筯刺之，不得 | **舉例：**<br>太可惡了，我居然吃不到，我今天一定要跟「你」拚個你死我活。 | **舉例：**<br>喔！雞蛋太滑，溜走了。那，我吃別的吧！ |
| 舉以擲地。雞子於地圓轉未止 | | |
| 下地以屐齒蹍之，又不得 | | |

## ◎ 延伸（Continue）

1. 坊間關於《世說新語》的相關書籍相當豐富，教師可搭配學校圖書館藏書做書籍介紹。而網路資訊也相當豐富，都可介紹給學生做相關延伸閱讀，引起學生興趣。例如：蔡志忠漫畫改編電腦動畫資料庫http: //edba.ncl.edu.tw/ChijonTsai/TSAICAT.htm
2. 透過現代極短篇小說的定義及介紹，聯結英美或中文極短篇小說作品，讓學生可以針對古

代的筆記小說和現代的極短篇小說（或稱「小小說」、「微型小說」），作內容及類型的跨時代聯結。例如：《袁瓊瓊極短篇》（袁瓊瓊著，爾雅出版社）、《愛亞極短篇》（愛亞著，爾雅出版社）、《侯文詠極短篇小說集》（侯文詠著，皇冠出版社）等。

## 重點提問

1. 一般小說具有人物、情節、對話三大元素，本文你覺得具備了哪些部分？
2. 請試著用自己的話說出「王藍田食雞子」的過程。
3. 承上題，在這些過程中，文章在動詞的使用上有無特殊之處？
4. 你認為王右軍的評論對王藍田是褒還是貶？如何解釋呢？
5. 閱讀有關王藍田的其他篇章，王藍田真的是一位性急的人嗎？你自己有什麼看法？

（教學設計者：林麗芳）

# 木蘭詩

作者：佚名

## 課文

唧唧復唧唧，木蘭當戶織。不聞機杼聲，唯聞女嘆息。
問女何所思？問女何所憶？女亦無所思，女亦無所憶。
昨夜見軍帖，可汗大點兵。軍書十二卷，卷卷有爺名。
阿爺無大兒，木蘭無長兄。願為市鞍馬，從此替爺征。
東市買駿馬，西市買鞍韉。南市買轡頭，北市買長鞭。
朝辭爺孃去，暮宿黃河邊，不聞爺孃喚女聲，但聞黃河流水鳴濺濺；
旦辭黃河去，暮至黑山頭，不聞爺孃喚女聲，但聞燕山胡騎聲啾啾。
萬里赴戎機，關山度若飛。朔氣傳金柝，寒光照鐵衣。
將軍百戰死，壯士十年歸。歸來見天子，天子坐明堂。

策勳十二轉，賞賜百千強。可汗問所欲，
「木蘭不用尚書郎，願借明駝千里足，送兒還故鄉。」
爺孃聞女來，出郭相扶將。阿姊聞妹來，當戶理紅妝。
小弟聞姊來，磨刀霍霍向豬羊。
開我東閣門，坐我西閣床。脫我戰時袍，著我舊時裳。
當窗理雲鬢，對鏡貼花黃。出門見伙伴，伙伴皆驚惶。
「同行十二年，不知木蘭是女郎。」
雄兔腳撲朔，雌兔眼迷離。兩兔傍地走，安能辨我是雄雌？

## 總說

〈木蘭詩〉是北朝樂府民歌，此詩是中國文學作品中，廣泛被中西方以各種方式演繹的作品之一，不管是詩文、戲劇、電影，透過跨文化媒材的運用，都透露出對此詩內容的不同觀點和主題關照。關於詩中主角「木蘭」是否真有其人？宋朝郭茂倩於《樂府詩集》中曾提到：「歌辭有〈木蘭〉一曲，不知起於何代也？」而推究前朝也無法清楚釐清事實真相，但學者依詩中線索及相關資料仍可推論〈木蘭詩〉為北朝樂府民歌，因此，在閱讀〈木蘭詩〉時，樂府

詩的相關知識聯結是很重要的。除此之外，〈木蘭詩〉中所提到的「代父從軍」之孝行、「男扮女裝」之奇特、「從軍歷程」之辛苦及「凱旋返鄉」之賞賜，都是可以帶領學生一起探討的議題。

## 教學設計

### ◎聯結（Connection）

1. 聯結朗讀方式，讓學生以獨誦或合誦等方式，依照詩中敘述之情節，將詩文朗讀出來。透過臺灣師範大學潘麗珠教授提出的「抑、揚、頓、挫、輕、重、緩、急、停、連」的朗讀十字訣，讓學生能隨著詩句所發展的事件情節，體會〈木蘭詩〉的情感流動。
2. 朗讀後，請學生複習過去曾學過「詩」的相關文類知識，並整理出樂府詩的內容意義流變，區分北朝樂府民歌、南朝樂府民歌，聯結其他著名的樂府詩作，如〈孔雀東南飛〉、〈琵琶行〉等，讓學生對樂府民歌詩有更進一步的認識。

## ※參考答案

(1)樂府詩的演變

| 朝代 | 內容意義 |
| --- | --- |
| 漢代樂府 | 漢武帝設立「樂府」，實為官署名，主要在蒐集民間詩歌以入樂。內容寫實樸質，句式句法參差，多可入樂。而後世將樂府所採集保存的詩稱為樂府。如：〈大風歌〉。 |
| 魏晉樂府 | 沿用漢代樂府精神，以古辭改寫新歌。而後創作開始從寫實樸質，轉為描寫個人情感觸發。如：曹操〈短歌行〉。 |
| 南朝樂府 | 已開始脫離漢代樂府的古辭，而發展出獨特的南朝樂府特色。因地域文化不同，南朝樂府多屬浪漫抒情。郭茂倩《樂府詩集》將現存的南朝樂府分為六小類，其中重要的只有吳歌、西曲和神弦歌。吳歌、西曲本來自民間，經採集以後才入樂的。 |
| 北朝樂府 | 北朝樂府傳世不多，其風格與南朝樂府相比，較為坦率豪邁，內容多寫豪邁的英雄兒女情懷、殘酷的戰爭或貧困的社會問題。 |

| 朝代 | 內容意義 |
| --- | --- |
| 唐代樂府 | 發展初期，雖沿用漢代樂府古題，但內容已大不相同。唐代在樂府的創作已成為徒誦（不入樂）的詩作。一樣走寫實風格，但漢代的創作多為民間的敘事寫實，而唐代樂府則多為文人關心時事，批判現實的社會寫實。中唐時，白居易更提倡「新樂府運動」，更脫離漢代樂府入樂的特色，成為閱讀的詩作。如：白居易〈賣炭翁〉。 |

(2) 南北朝樂府民歌舉例

**◎北朝樂府民歌舉例：**

〈敕勒歌〉：「敕勒川，陰山下。天似穹廬，籠蓋四野。天蒼蒼，野茫茫，風吹草低見牛羊。」

〈李波小妹歌〉：「李波小妹字雍容，褰裳逐馬如卷蓬。左射右射必疊雙。婦女尚如此，男子安可逢！」

**◎南朝樂府民歌舉例：**

〈江南〉：「江南可採蓮，蓮葉何田田？魚戲蓮葉間。魚戲蓮葉東，魚戲蓮葉西；魚戲蓮葉南，魚戲蓮葉北。」

〈子夜歌〉：「始欲識郎時，兩心望如一。理絲入殘機，何悟不成匹。」

## ◎合作（Cooperation）

請學生先大致將所讀到的故事說出來，並以分組接龍的方式將故事情節一一排列，最後請學生以各組為單位，繪製本詩的「敘事結構圖」。本詩為敘事詩，以木蘭的從軍情節為中心加以鋪陳，使用順敘的筆法將從軍的發生原因、從軍過程及凱旋返鄉的先後次序進行敘述。依據詩中事件順序可以掌握此詩的結構特色。

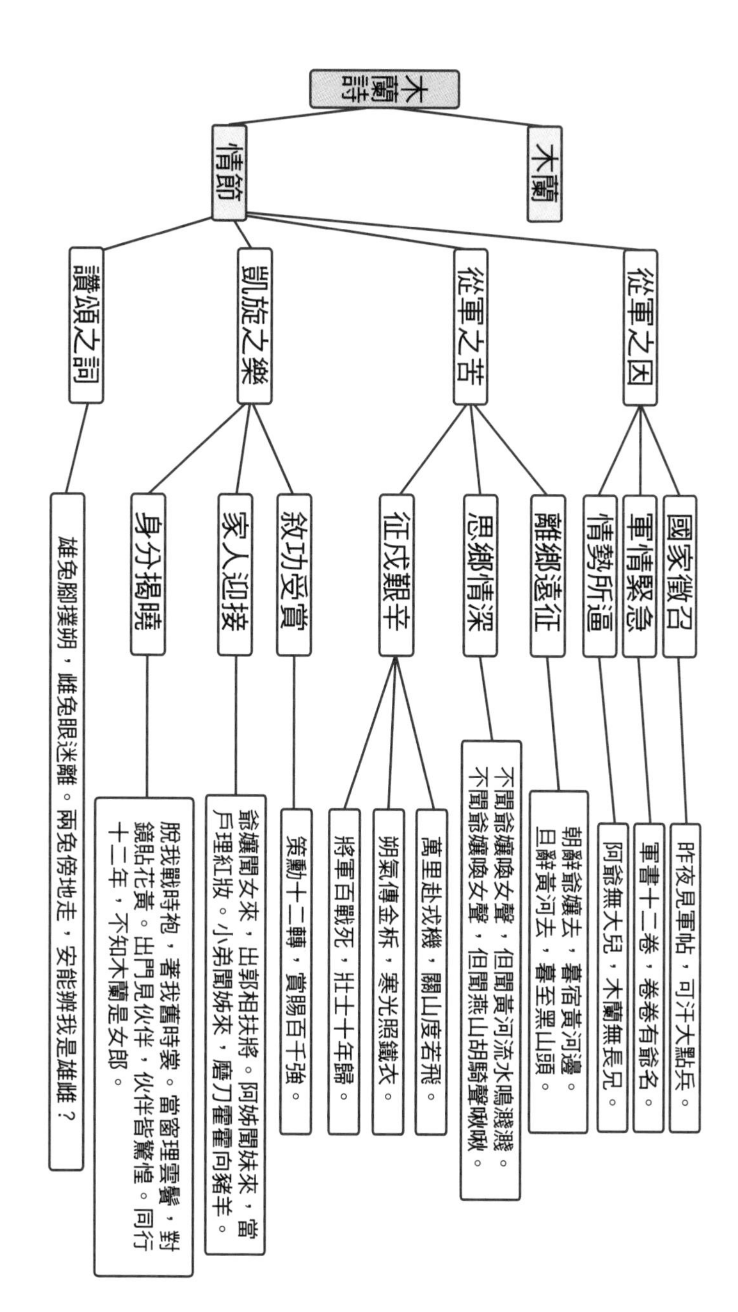
木蘭詩
木蘭
情節
從軍之因
國家徵召
昨夜見軍帖，可汗大點兵。
軍情緊急
軍書十二卷，卷卷有爺名。
情勢所逼
阿爺無大兒，木蘭無長兄。
從軍之苦
離鄉遠征
朝辭爺孃去，暮宿黃河邊。旦辭黃河去，暮至黑山頭。
思鄉情深
不聞爺孃喚女聲，但聞黃河流水鳴濺濺。不聞爺孃喚女聲，但聞燕山胡騎聲啾啾。
征戍艱辛
萬里赴戎機，關山度若飛。
朔氣傳金柝，寒光照鐵衣。
將軍百戰死，壯士十年歸。
凱旋之樂
敘功受賞
策勳十二轉，賞賜百千強。
家人迎接
爺孃聞女來，出郭相扶將。阿姊聞妹來，當戶理紅妝。小弟聞姊來，磨刀霍霍向豬羊。
身分揭曉
脫我戰時袍，著我舊時裳。當窗理雲鬢，對鏡貼花黃。出門見伙伴，伙伴皆驚惶。同行十二年，不知木蘭是女郎。
讚頌之詞
雄兔腳撲朔，雌兔眼迷離。兩兔傍地走，安能辨我是雄雌？

### ◎團體（Community）

請學生分組將已討論出的情節結構以戲劇的方式表演出來，可搭配音樂和適當的道具，讓學生藉由戲劇演出，試著與詩中的人物「對話」。

### ◎評論（Commentary）

教師須引導學生在發表評論時，要言之有物、言之成理。

1.〈木蘭詩〉故事中，透過木蘭代父從軍的經過塑造出她「英雌不讓鬚眉」的人物性格。此篇在描述木蘭從家中頻接軍帖、擔心父親一事上，到勇敢做下代父出征的決定，亦讓她的孝行更爲彰顯。教師可讓同學針對這一連串的事件發展，寫出他們對木蘭的評論。

| 我認為木蘭是個（　　　　）的人 |
| --- |
| 因為文章中提到（　　　　）<br>所以（　　　　） |

**2.** 木蘭以「男扮女裝」的特殊方式代父出征，在漫長的軍旅生活中，如此的行爲卻不被發現是否合理？是否有其不合理之處？

| 合理 | 不合理 |
| --- | --- |
| 因為<br>(1)<br>(2) | 因為<br>(1)<br>(2) |

**3.** 這首詩有幾句明顯和其他詩句不同，有人認爲是經由後人潤飾，請試著找一找。

| 詩句 | 相異之處 |
| --- | --- |
| (1)<br>(2) | |

## ◎反思（Comparison）

透過閱讀文章，請學生分享是否有聽過類似孝行的歷史故事。而木蘭從軍這樣的情節，如果是現代發生的機率有多大？或者，時空易位，如果是你，面臨此一緊急狀況，你會有什麼不一樣的處理方式？

## ◎延伸（Continue）

坊間關於〈木蘭詩〉的相關資料相當豐富，而木蘭代父從軍的故事也被成演譯成不同形式的藝術作品，如臺灣電視劇、迪士尼卡通或youtube影片等，教師可擷取相關片段，讓學生對照原詩內容，產生不同的閱讀視角。教師可就劇情與〈木蘭詩〉比較，帶領同學閱讀多媒體素材。

| 項目 | 人物主角 | | 內容劇情 | |
|---|---|---|---|---|
| | 相同 | 相異 | 相同 | 相異 |
| 樂府詩〈木蘭詩〉 | | | | |
| 迪士尼電影〈花木蘭〉 | | | | |

## 重點提問

1. 跟詩有關的文類知識有哪些？請試著將學過的詩類做簡要敘述。
2. 〈木蘭詩〉是一首樂府詩，樂府詩有哪些特色？
3. 請試著用自己的話說出木蘭代父從軍的前因後果、過程及最後的結果。
4. 在這些過程中，詩句的敘述有什麼特殊之處？
5. 閱讀全詩後，你認為主角木蘭具有怎樣的人物形象？從詩句中如何印證、推論？

6. 木蘭從軍這樣的情節，如果是在現代發生的機率有多大？
7. 如果時空易位，是你面臨此一緊急狀況，你會有什麼不一樣的處理方式？

（教學設計者：林麗芳）

筆記頁 MEMO

國家圖書館出版品預行編目資料

非讀不可：古文閱讀教學的有效策略
／潘麗珠等著 . -- 初版 . -- 臺北市：五南，
2015.02
面； 公分
ISBN 978-957-11-7963-6（平裝）

1. 漢語教學 2. 閱讀指導 3. 教學設計
4. 中等教育

524.31 103026648

# 非讀不可：古文閱讀教學的有效策略

總策畫 潘麗珠（365）
總編輯 王翠華
主編 黃文瓊
編輯 吳雨潔
封面設計 吳佳臻
版型設計 菩薩蠻數位有限公司

出版者 五南圖書出版股份有限公司
發行人 楊榮川
地址：台北市大安區 106
和平東路二段三三九號四樓
電話：〇二－二七〇五五〇六六（代表號）
傳真：〇二－二七〇六六一〇〇
郵政劃撥：〇一〇六八九五－三
網址：http://www.wunan.com.tw
電子信箱：wunan@wunan.com.tw

顧問 林勝安律師事務所 林勝安律師

版刷 中華民國一〇四年二月初版一刷

定價 二六〇元

有著作權・請予尊重

凝煉知識品味閱讀